"Los retos de miniaturas con Angie"
Proyectos en revistas
Parte 1: 2000-2001

Dedicatoria

Al South Devon Dollshouse Club, por proponerme enseñar en primer lugar, y a Marian Fancey, quien me retó en un principio a escribir mis artículos. Gracias por el "empujón". Besos!

Datos de publicación

Primera edición: 2014 Sliding Scale Books (SSPB03)
Plaza De Andalucia 1, Campofrio, 21668, Huelva, España.
(c) Copyright Angie Scarr 2000-2014

Texto y fotografía paso a paso: Angie Scarr 2000-2014
Fotografía adicional: Frank Fisher
Diseño de Frank Fisher y Angie Scarr

Sliding Scale Books SSPB03

Todos los derechos reservados.

El derecho de Angie Scarr a ser identificada como la Autora de esta obra se ajusta a la normativa contemplada en UK Copyright Designs and Patents Act 1988, sections 77 & 78.

Ninguna parte de esta obra puede ser reproducida, almacenada en un sistema de recuperación o transferida en ninguna forma o medio sin la autorización previa del editor y autor o sus agentes.

Los editores y el autor no asumen ninguna responsabilidad legal derivada de las instrucciones informativas o consejos contenidos en esta publicación, ni de los posibles errores, cambios u omisiones relativos a las fórmulas de los materiales mencionados en la misma.

Tabla de Contenidos

Prefacio, Introducción — 5
Prefacio por Noelia Contreras Martin y Introducción por Angie Scarr.

Cabeza de Jabalí — 8
Atrapando al Jabalí.

Langostas vivas — 11
Langosta en la red.

Faisanes — 14
Lazo Con Faisanes.

Piñas — 17
Piñas en tres formas.

Calamar — 20
¡Aquí tienes el calamar que me pediste, Margaret!

Huevos — 22
Caja De Huevos.

Patatas Cocidas — 25
Una patata, dos patatas, tres patatas, …

Alcachofas — 28
O curiosas prácticas con utensilios de cocina.

Tapas — 31
Viva España!

Feria de Alexandra Palace — 35
En directo desde la feria de "Ally Pally".

Sandwich 38
¿Nos hemos vuelto locos?

Lombarda 41
Puedo haberla confundido ...

Dulces Ingleses 44
Lo más dulce.

Lengua 47
¡Reto no aconsejable para aquellos que no tengan buenas dosis de paciencia!

Pimientos y Pizzas 50
Querer es poder

Tomates 53
Como el "seaside rock".

Pescado moldeado 56
Sardinas en cajas ... ¡marchando!

Fresas 59
... o Jordgubbe (en sueco)

Agradecimientos 62
Y información para contactar con las revistas.

Índice 63

"Los retos de miniaturas con Angie"
Proyectos en revistas 2000-2005

Prefacio por Noelia Contreras Martin.

Sobre el 2006 me inicié en el mundo de la arcilla polimérica, pero fue un poco más tarde cuando descubrí las posibilidades de este material en la imitación de comida real en miniatura. Me llamó mucho la atención el nivel de realismo que podía conseguirse, por lo que empecé a investigar un poco y me asombró encontrarme todo un mundo mucho más extenso de lo que me había imaginado.

Investigando sobre el mundo de las miniaturas en arcilla polimérica descubrí a Angie Scarr, que ya por aquél entonces llevaba muchísimos años desarrollando este arte. Y si ya me fue complicado encontrar documentación e información sobre miniaturas en arcilla polimérica, me imagino que cuando Angie empezó no existiría absolutamente nada, por lo que todo lo que ella ha conseguido ha salido de su habilidad, su talento y su perseverancia. "Pionero" creo que sería la palabra adecuada para describir su trabajo en arcilla polimérica.

Lo asombroso del trabajo de Angie es la facilidad para encontrar el color y la textura perfectas para darle a la pieza el realismo necesario. Yo he hecho durante un tiempo mis trabajos con miniaturas y doy fe de lo complicado que es conseguir muchas veces ese realismo, ese tono traslúcido justo que le da vida a la pieza y te hace olvidar que se trata de un trozo de polímero.

Como en muchos otros aspectos, en el mundo de las miniaturas existe también una zona de comfort en la que la mayoría nos solemos mover. Es decir, solemos realizar miniaturas de productos conocidos y cotidianos, de modo que es mucho más fácil que sea reconocible aunque el trabajo no sea perfecto. Sin embargo en este libro tendréis la oportunidad de ver como Angie hace mucho que abandonó esa zona de comfort para realizar los trabajos más variopintos, exóticos y complejos. Y será todo un placer poder averiguar cómo diablos lo hizo.

Espero que disfrutéis este libro tanto como yo, descubriendo a cada página cómo en su momento Angie salvó tal o cual obstáculo, cómo mezcló tal o cual color o consiguió tal o cual textura. Un "must have" para los amantes de las miniaturas.

ConAdeArte.com
www.facebook.com/
    noelia.contrerasmartin

Introducción por Angie Scarr.

Resulta extraño mirar hacia atrás en el tiempo y observar que, cuando comencé hace 14 o 15 años a publicar mis artículos sobre miniaturas, empleaba comillas para referirme a términos como "internet", "navegar" o "captura de vídeo". Pero lo cierto es que, cuando empecé, el internet era algo completamente nuevo y durante un par de años mi web de miniaturas fue una de las pocas en la red, gracias a mi esposo Frank, el "friki" informático, que por entonces no era más que un aficionado.

He preferido mantener la versión original sin adaptarla a nuestros tiempos. Puesto que hoy en día todos estamos en

mayor o menor medida familiarizados con los términos informáticos, percibiréis en lo anticuado del lenguaje lo rápido que han cambiado las cosas en estos últimos años.

A la hora de reeditar esta serie de antiguos artículos en forma de libro digital, soy consciente de que muchos de los miniaturistas de más edad no tienen lectores digitales, pero en cambio han tenido acceso a los artículos originales, la mayoría de los cuales se encuentran hoy agotados. Por esta razón voy a intentar presentar mis ideas a toda una nueva generación de miniaturistas. Cuando fueron publicadas, la mayoría de las ideas eran total o parcialmente innovadoras. Hoy, estas ideas forman parte de cómo se hacen las miniaturas con arcilla polimérica. He ido reemplazando algunas de estas ideas con nuevos métodos míos o de otros artistas que mejoraban las ideas originales.

Algunas ideas no eran mías, en concreto las de los caramelos y el proyecto de gelatina. Ya había visto hacerlas, pero por desgracia no recuerdo con certeza dónde y no puedo darles el reconocimiento necesario. En cualquier caso, lo que me impulsó a comenzar mi carrera, recién iniciada la década de los 90, fue ver una murrina de limón elaborada por un artista que me parece recordar era americano. Me fui a casa y me senté con mi masilla a ver qué conseguía hacer. Gracias a un error en el proceso, descubrí cómo envolver y pelar naranjas (no podría haberlo hecho con la técnica original). En su momento, esta fue una idea innovadora e intenté hacer murrinas y envolver todo tipo de cosas, hacer hojas de repollos con sus venas, etc.

Los amigos de mi madre me pidieron que les mostrase cómo se hacía y de este modo comencé a enseñar. Cuando envié mis primeros tres vídeos a Marian Fancey (propietaria y editora por aquel entonces de Dolls House and Miniature Scene), me preguntó si querría escribir una serie de artículos para ellos, pues su articulista habitual, Sue Haser, se encontraba muy atareada con sus libros. Le respondí a Marian que también yo estaba escribiendo un libro, pero que me agradaría trabajar con ella siempre y cuando pudiese quedarme con los derechos de autor en caso de querer incluir alguna de mis ideas en el libro. Me encantó que Marian quisiera abordar la serie de artículos como una serie de desafíos enviados por los lectores, pues... ¡no hay reto que se me resista!

La mayor parte de esta colección es sobre esos retos, pero también he incluido artículos publicados originalmente en otras revistas de miniaturas (he mencionado el nombre y número de la revista siempre que he podido averiguarlo). La colección has sido revisada y actualizada, conservando siempre la "esencia" de las ideas originales. Por ello, no en todos los proyectos se incluye una descripción paso a paso. En algunos casos, sobre todo si hay una mejora sustancial en el resultado, se han añadido notas acerca de cómo hago las cosas en la actualidad. Muchas, sin embargo, son tan sólo muestras de los métodos que exploro con más detalle en mis libros. Siempre que sean importantes, también he añadido los enlaces originales a libros o a vídeos en YouTube.

Confío en que disfrutéis de este repaso a los antiguos retos. Espero escribir más libros en este formato y proporcionar las versiones en diversos idiomas en un futuro próximo.

No dudéis en poneros en contacto conmigo para cualquier petición o comentario a través de mi Facebook o del formulario de mi web.

Con mis mejores deseos, Angie.

www.angiescarr.co.uk
facebook.com/angiescarr.miniatures
www.youtube.com/user/angiescarr

"Los retos de miniaturas con Angie"
Proyectos en revistas
Parte 1: 2000-2001

Cabeza de Jabalí

Publicado originalmente en el nº 70 de DHMS Magazine – Abril del 2000

Atrapando al jabalí

Este desafío lo envía Carol Barrass de Hull (Inglaterra). Carol dice que le está siendo bastante difícil encontrar una buena cabeza de jabalí para una casa Tudor. Le mando la cabeza de jabalí que aparece en la imagen como regalo personal y de la revista DHMS. Gracias Carol por tu reto verdaderamente interesante.

Mi primer impulso, o más bien del "friki" informático de mi marido Frank, fue buscar en internet. Por cierto, todo el que piense que "friki" es un término despectivo debería saber que para el verdadero experto informático se trata de un término de respeto. De modo que nos pusimos a navegar por la red y encontramos algunas fotos de cacerías verdaderamente espantosas. En algunas de ellas el animal parecía tener colmillos, lo cual me dejó bastante confusa. ¿Cuál es la diferencia entre un cerdo, un cochino y un jabalí? ¿En qué ocasiones se come cada uno y quién los come? Y más concretamente ¿Cómo se sirve? ¿En una bandeja de madera quizás, o tal vez en una de peltre?

Nos enteramos de que se iba a servir un banquete medieval en el programa de navidad de 'Time Team' y con certeza servirían cabeza de jabalí. Grabamos el programa e intenté fijarme en los detalles cuidadosamente, pero está claro que pausar el vídeo nunca es la solución perfecta. De nuevo el "friki" demostró su valía, pues posee un programa de "video-captura" que convierte el vídeo normal en una serie de imágenes digitales, así que el fin de semana pasado nos acercamos al cibercafé y "capturamos" un jabalí gracias al programita.

Me sorprendió ver que la cabeza de jabalí se servía en una cesta de mimbre y que no tenía colmillos. Se había decorado simplemente con hierbas formando una guirnalda de romero y laurel en las orejas y detrás de la cabeza. Me di cuenta de que necesitaba más información.

Le pedí ayuda a Aileen de Merry Gourmet Miniatures. Es fascinante hablar con ella, pues es una fuente de conocimiento en todo lo relativo a la historia de los alimentos. Me dijo lo siguiente: "los cerdos y cochinos eran animales domesticados y era común que sirvieran de alimento y fuesen criados por campesinos, pero no se solía servir su cabeza entera en una bandeja".

El jabalí era un trofeo de caza prohibido a los campesinos. Los furtivos que se arriesgasen a cazarlo podían ser sometidos a terribles castigos. Por ello, la cabeza de jabalí sólo se servía en los hogares de las clases más altas y únicamente en ocasiones especiales. Durante siglos, desde principios de la edad media hasta la época isabelina y quizás posteriormente, fue un plato popular como centro de mesa en las celebraciones. Según Aileen, los métodos de servirlo habrían sido diferentes en las distintas épocas. Durante el periodo medieval, el plato podría haber sido decorado usando dorados: se cree que se solían preparar los alimentos para que asemejasen algo diferente; quizás la carne picada fuera amasada en albóndigas para parecer una manzana dorada. Los banquetes podían ser muy ornamentados. Finalmente me decidí por una versión más simple, como la del Time Team, puesto que Aileen me aseguraba que la presentación en la época Tudor habría sido más simple. La fuente donde se serviría seguía siendo un problema, pero Aileen también encontró respuesta para esto: ya que era un plato para ricos, podría escoger entre plata dorada, peltre, etc., y podría ignorar el más humilde y dificultoso mimbre y la fuente de madera, para hacer la cual no poseo la destreza necesaria.

Hice ambas: una cesta de mimbre con todas las hierbas y …

Puedes intentarlo con esta versión simple que mostramos aquí.

Paso 1

Primero necesitas un cono de arcilla polimérica color crema de unos 3cm y dos pequeños triángulos para las orejas. Recorta el extremo y dale forma de hocico. Pellizca y aplasta la frente y la parte de arriba del hocico. Dale un poco de borde afinándolo por el extremo …

Paso 2

Marca una línea en el centro del hocico y añade los agujeros de la nariz. Marca también los ojos para tener una idea de dónde poner las orejas. Añade las orejas en una curva desde detrás de los ojos.

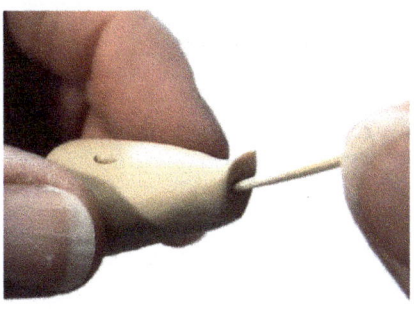

Paso 3

Haz un corte de 1cm de largo para la boca justo debajo del hocico. Haz más profundas las cuencas de los ojos pero asegúrate de que estos parezcan cerrados, a no ser que quieras un resultado particularmente macabro! Los jabalíes poseen una especie de rugosidad donde los colmillos se unen a la

mandíbula superior, aunque no lo he modelado aquí en aras de la simplicidad, pero para un mayor realismo podrías añadir un poco de arcilla en esta zona. Alisa con cuidado la masa alrededor y eleva un poco los bordes. Finalmente corta la boca aproximadamente 1cm por detrás del hocico. Coloca una manzana (verde pálido) o una forma de cebolla (mezcla de verde muy pálido y transparente) dentro de la boca, y finalmente dos pequeños conos de crema pálida hacia arriba a ambos lados de la boca para asemejar los colmillos. Para adherir la cabeza al plato coloca un poco de arcilla transparente o de "Mix Quick" *[Hoy en día utilizo Fimo Líquido para adherir diversos objetos a platos, etc.]* en la bandeja y presiona suavemente la cabeza del jabalí hacia abajo.

Paso 4

Para hacer las hojas puedes usar verde hoja o superponer verde hoja con una mezcla de verde más claro. Corta formas pequeñitas de hoja tal como se muestra en la ilustración.

Paso 5

Pellízcalas y únelas en parejas. Haz una raya en el centro de cada una con un palito de cóctel o palillo de dientes.

Paso 6

Con algo de verde más oscuro forma pequeños tallos y únelas algunas hojas. Haz dos o tres y hornéalos previamente (con el fin de que se mantengan en pie tras la cabeza).

Paso 7

Añade más hojas por todo el borde de la bandeja. Intenta asegurarte de que algunas de las hojas sobresalgan del plato.. Una vez hayas horneado la cabeza puedes añadir el efecto de glaseado con Humbrol Clear Colour *[El Humbrol Clear Colour puede no estar disponible. En ese caso utiliza pasteles o polvos en ocre o marrón y un barniz]*

Paso 8

Si tienes dedos muy diestros puedes hacer los pequeños brotes de las hojas de laurel, aunque esto no es estrictamente necesario, pues sólo florecen en invierno. En primavera habría nuevos brotes de un verde más claro, aunque ya sería ir demasiado lejos... pero me gustan los caminos largos.

¿Estás ya "harto"?

Langostas vivas

Publicado originalmente en el nº 71 de DHMS Magazine – Mayo del 2000

Langosta en la red

Cualquiera que me conozca sabe cuánto odio las langostas. Bueno, en realidad son unos bichos adorables y que se dejan comer bastante bien, pero son odiosas de hacer.

Bueno, pues aquí tenemos un reto

verdaderamente difícil enviado por Lesley Symonds del Braunton Miniaturists Club, que esperó dos años por una de mis langostas cocinadas. Lesley, por tu increíble paciencia aquí tienes un par de langostas sin cocinar, y una cacerola para asegurarte de que no salgan corriendo!

¿Sabéis la diferencia entre una langosta azul y una langosta sin cocinar? Alguien me comentó que las langostas sin cocinar eran azules, por lo que de nuevo me conecté a internet para ver si "pescaba" alguna. Escribí "langosta" y "azul" en el buscador y encontré montones de páginas sobre langostas azules. Resultó que son una especie de langosta de agua dulce, emparentada con nuestra langosta tradicional, que se vuelve rosada al hervirla. Luego encontré una fascinante web sobre langostas vivas (para quien no conozca internet, se trata de una experiencia poco interesante). No contenía demasiada información, y apenas pude comprobar que eran de color grisáceo.

¿Podéis creer que de nuevo obtuve la respuesta gracias a "Channel 4"? Justo después de Time Team, que ya me había servido de ayuda con la esquiva cabeza de jabalí, aparecía el extravagante Hugh Fearnley-Wittingstall y su Regreso a River Cottage. Hugh iba de pesca y atrapó una langosta de tamaño considerable, a la que con buen criterio amarró las pinzas con gomillas elásticas. De nuevo conseguí un buen par de imágenes de las capturas de vídeo. ¡Adoro la tecnología!

Volví a internet para investigar sobre el consumo de langosta a lo largo de la historia y comprobar que eran un artículo que podría aparecer en cualquier casa de muñecas de época romana, pasando por la anglo sajona y la normanda hasta la actualidad.

Descubrí que el diseño de los utensilios de cocina utilizados para hervir las langostas ha variado considerablemente a lo largo del tiempo, pero el que usaba Hugh era un típico diseño británico que ha cambiado poco a través de los siglos. También parece que las langostas que se pescan hoy son de un tamaño considerablemente menor, lo cual no resulta sorprendente. Existe un cuadro pintado por Fred Elwell en 1934 llamado El Puesto De Pescado, expuesto en la Bury Art Gallery, que representa a un pescadero mostrando unas langostas del doble de tamaño de las que estoy acostumbrada a ver. Esta es mi excusa para justificar el tamaño de mis langostas y me mantendré fiel a él. Aunque he usado murrinas muy complejas para elaborar la cáscara moteada de la langosta de mi reto, aquí muestro una versión que os resultará más fácil de hacer. Por favor, disculpad la calidad de la pintura, pues realmente no es lo mío.

También tengo un video sobre esto en mi canal de YouTube y un molde que facilita el proceso. Visita mi web angiescarr.co.uk donde encontrarás enlaces a ambos.

Paso 1
Comencemos con un par de tiras muy finas de arcilla polimérica color crema para las antenas. Yo utilicé una mezcla de Fimo blanco y champán y añadí un poco de Mix Quick para darle elasticidad. Dobla los extremos y pre hornéalos junto a dos

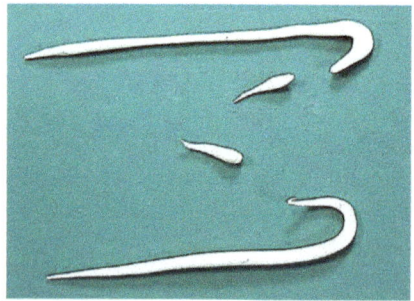

trocitos a los que darás forma de gota de agua alargada. Hornea estos primero e insértalos en el cuerpo cuando se hayan endurecido.

Paso 2
Necesitarás un trozo con forma de lágrima grande para el cuerpo y dos para las pinzas, así como cuatro tiras finas para las patas.

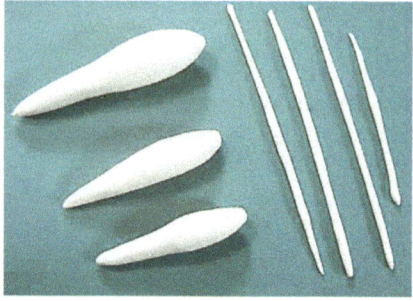

Paso 3
Modela el extremo de la cabeza en forma de punta y aplasta la cola. Haz marcas tal como aparecen en la foto. Hazlo con confianza, pues si intentas ser demasiado preciso lo más seguro es que lo eches todo a perder! Yo empleé una herramienta con forma de bola en su extremo que conseguí en una tienda de modelado de azúcar.

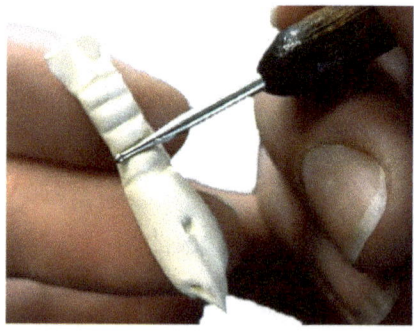

Paso 4
Presiona el extremo de las pinzas y aplástalas. Haz una hendidura con la bolita de la herramienta donde vayas a colocar la articulación de la pinza.

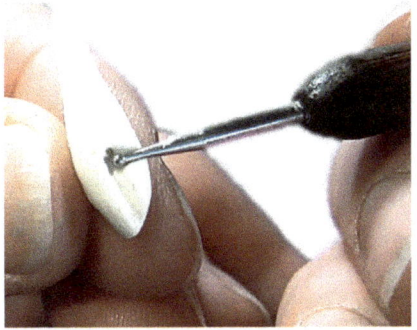

y ojos y dobla las patas debajo y un poco hacia adelante. Luego inserta la cola bajo el cuerpo (o déjalo sin doblar) y hornea la langosta.

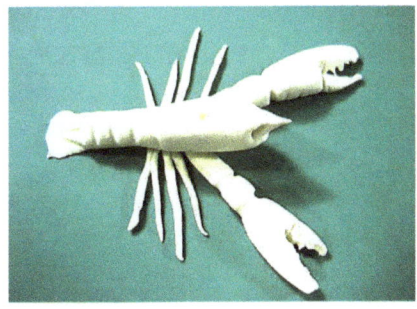

Paso 5

Presiona con firmeza la herramienta para dividir la pieza y formar las dos pinzas. Marca los dientes en forma de sierra.

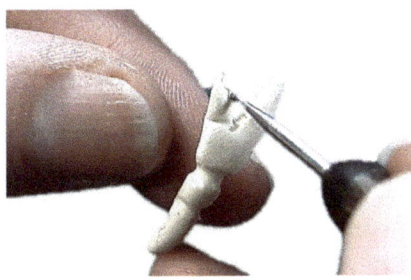

Paso 6

Une las partes como se muestra en la imagen, sin doblarlas. Añade las antenas

Paso 7

Pinta la langosta a base de puntitos. Comienza pintando de marrón los lados y termina con un poco de negro para el cuerpo. Añade un poquito de negro en los extremos de los ojos y antenas. Recomiendo usar una ligera capa de barniz para dar un aspecto húmedo pero sin que llegue a brillar.

La red cuesta de una a dos libras en tiendas de tejidos y tan sólo necesitarás un trocito que deberás humedecer y estrujar. Completa la composición con algunas pequeñas conchitas.

Faisanes

Publicado originalmente en el nº 72 de DHMS Magazine – Junio del 2000

Lazo Con Faisanes

Gracias a todos por vuestros interesantes retos, el primero de los cuales abordaré el mes que viene. Entretanto, casi he perdido la cuenta de las veces que me habéis pedido que hiciese alguna miniatura de animales

con pelo o plumas. Para mí es un verdadero desafío conseguir un aspecto natural a partir de un material que es fundamentalmente un plástico. Estos faisanes van dedicados a Alison Taylor de Oxford. Todo un placer para mí, ya que además es prima mía y una chica muy creativa. .

Decidí afrontar este reto como si fuese para los verdaderos expertos, pero espero que también inspire a aquellos de vosotros que estáis comenzando con la arcilla polimérica. En este reto podemos apreciar la complejidad de crear los "murrinas" de arcilla polimérica una vez que has alcanzado un cierto nivel. La técnica para crear las murrinas consiste en mezclar distintas capas y tiras de diversos colores en un cilindro que se irá estirando y modelando posteriormente.

Para los que sois nuevos modelando, podéis encontrar algunos ejemplos de murrinas razonablemente fáciles de hacer en el artículo de la revista Projects (1998 v2) dedicado a las bodas, o en el proyecto "naranjas" en mi web angiescarr.co.uk donde también podréis encontrar enlaces a vídeos de YouTube sobre diversos artículos.

Paso 1

Por cierto; cuando hagáis una murrina podéis conservarla casi indefinidamente. La murrina para el ojo del faisán macho que aparece aquí tiene más de un año. Es uno de esos proyectos que empecé y nunca acabé, como nos pasa a veces a todos. Ni siquiera necesitas guardarlas en un envase al vacío. Yo utilizo cajas de cintas de vídeo, que son ideales para ir guardando las diversas partes antes de proceder a unirlas. A veces tienes que amasar y calentar un poco algún murrina antigua para que "resucite", pero lo más importante es mantenerlos alejados de la luz del sol directa y de cambios bruscos de temperatura. Si no quieres hacer la murrina hasta el final, puedes simplemente escoger los colores adecuados y trocearlos finamente. Da forma al cuerpo del

faisán y utiliza una herramienta dental o palillo de dientes para obtener la textura deseada.

Paso 2
Suelo aconsejar adquirir los modelos reales siempre que sea posible, pero la mayoría de mis retos son sobre artículos generalmente difíciles de conseguir y los faisanes no son una excepción. Por todo ello, esta parece ser una extraordinaria oportunidad para presentaros mi "Biblia":

'The Book of Ingredients'
ISBN-13: 978-0718130435.

La verdad es que la recomiendo tanto que los editores deberían pagarme royalties! Se trata de un compendio fotográfico de diversos materiales utilizados en cocina. Contiene secciones sobre pescado, carne, frutas y verduras, aves y caza. Las fotos son a tamaño natural o a una escala indicada. Las imágenes de los faisanes me sirvieron para investigar un poco más sobre los colores, formas y tamaños de los faisanes macho y hembra.

Paso 3
También compré algunas plumas de faisán en la tienda "Focus". Puesto que ya han cerrado, puedes intentar conseguirlas en otras tiendas de hobbies y aficiones. De este modo pude apreciar con detalle los patrones de cada pluma. Así descubrí que había cuatro patrones principales y distintas variantes de éstos. Aquí muestro cómo copié un patrón bastante complejo. Contrariamente a lo que la mayoría pueda pensar, las plumas de la hembra son en realidad tan complejas y bonitas como las del macho.

Paso 4
Forma las murrinas más complejas cortando los cilindros originales y uniéndolos como si fueran escamas de pescado.

Paso 5
Cuando tengas varios tipos de plumas, puedes unirlas para formar una murrina mayor y más elaborada.

Paso 6
Utiliza láminas con el material obtenido para envolver el cuerpo.

Paso 7

Para el faisán macho, os aconsejo primero hacer una cabeza alargada tipo "tallo" y hornearla.

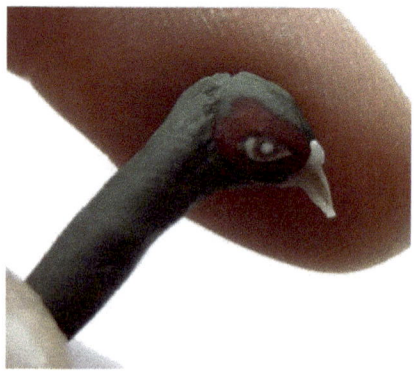

Paso 8

Simultáneamente necesitamos hacer las plumas de la cola y unas patas finas. Luego moldea una forma pequeña para el cuerpo con Mix Quick o una arcilla polimérica blanda y haz lo mismo con los muslos.

Paso 9

Envuelve el cuerpo con las láminas finas y une las patas al cuerpo. Puedes luego añadir más "plumas" para hacer un ala si quieres. Como soy una tramposa, yo las uno mediante una pequeña incisión.

Paso 10

Finalmente echo a perder todo mi trabajo dándole textura con una herramienta dental. Ya sé que es una idea bastante loca, pero así soy yo! Esta foto es de la murrina de las plumas de la hembra.

Hay otra forma de hacer plumas a partir de arcilla polimérica rascando arcilla de un bloque, pero me temo que no os resulte demasiado atractivo, ¿me equivoco? Seguid enviando vuestros desafíos.

Piñas

Publicado originalmente en el nº 73 de DHMS Magazine – Julio del 2000

Piñas en tres formas

He recibido varias peticiones para que desarrolle un proyecto que, al parecer, os está resultando bastante difícil: las piñas. Julia Smart dice: "¡La que mejor me ha salido parece una granada de mano!" Y Margaret Cassidy me pide "una que pueda cortar, que parezca muy jugosa y que casi se pueda comer." Margaret y Julia, es un placer para mí atender vuestras peticiones

Descubrí a través de una web que el rey Carlos II hizo pintar uno de sus más famosos retratos recibiendo como regalo una piña, símbolo de privilegio real. Lo cierto es que mi búsqueda resultó bastante "fructífera"

Según mi historiadora de la alimentación favorita (Aileen Tucker, por supuesto), la primera piña que se consiguió cultivar y cosechar en Gran Bretaña le fue regalada al rey Carlos II en 1720. Parece ser que el jardinero responsable habría empleado un 'hot pit', un proceso innovador en su momento mediante el cual se producía calor fermentando astillas de corteza de árbol en un hoyo en el suelo que solía utilizarse en Inglaterra para calentar invernaderos. Puede incluso que dicho jardinero lo haya intentado y fracasado tantas veces como yo intentando obtener mi piña a escala 1/12.

Aunque las familias pudientes en la última época victoriana la podían adquirir con relativa facilidad gracias al desarrollo de las cámaras frigoríficas en los barcos, las piñas siguieron siendo una fruta bastante exótica e inaccesible hasta los años 60. Personalmente no recuerdo haberlas visto en las tiendas de mi ciudad natal cuando era niña, y nací en el 57. Obviamente la piña enlatada en rodajas sí que habría estado disponible hacia comienzos del siglo XX gracias al proceso de enlatado.

Paso 1

Todas las hojas son hechas con el mismo método empleado en el número 71 en el artículo de la cabeza de jabalí: cortábamos un círculo verde y una sección en forma de hoja de su borde. Utiliza alambre de floristería y un poco de Mix Quick como base para adherir las hojas. Antes de hornearlas, rocía el dorso de las hojas con un poco de polvos de talco o tiza para darles el aspecto real de una piña.

Hornéalas previamente y luego corta el alambre e insértalo en la parte superior del tipo de piña que hayas elegido.

Aquí te muestro tres métodos diferentes de elaborar las piñas según tu habilidad o, según mi marido el "friki", según tu cociente de miniaturista.

Paso 2

Método de la "granada de mano"; probablemente con el que fracasó Julia. Necesitas un trocito de arcilla polimérica naranja. Con un palito de cocktail, herramienta dental o como yo, con un bisturí pequeño (¡mucho cuidado!), ve trazando líneas paralelas en dos direcciones diferentes en diagonal: desde arriba a la derecha hasta abajo a la izquierda por toda la superficie de la piña, y luego lo mismo desde arriba a la izquierda hasta abajo a la derecha. Con esto conseguimos darle a nuestra piña un efecto art nouveau una vez hayamos añadido la pintura [Ver también el nuevo método que presentaremos más adelante en el reto de las alcachofas]

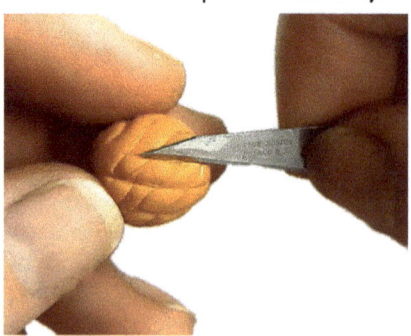

Paso 3

También puedes hacer moldes como los que muestro aquí. Me gustaría verdaderamente recordar el nombre del arbolito del que saqué el patrón; no recuerdo siquiera si se trataba de una fruta o de una flor, pero con certeza se asemejaba a una semilla. Se parece

a una pequeña piña de piñones aún verde o, como yo la imaginé, a una piña a escala 1/12. Si alguien lo sabe, por favor, que nos saque de la duda! Cuando la encontréis (estoy convencida de que todos lo haréis) haced el molde el mismo día, pues las semillas se secan muy rápidamente. Antes utilizaba Milliput, pero hoy habría usado Minitmold. Mezcla una cantidad suficiente de Milliput para hacer una mitad del molde. Coloca la semilla en el Milliput para que coja la forma de esa mitad. Cuando se endurezca, añade una capa de Maskol y luego añade la otra mitad. Cuando el Milliput se haya secado, ábrelo y saca la semilla. Tengo planeado utilizar y enseñar con detalle este método de hacer moldes en un próximo desafío. Podéis conseguir el Minitmold, que se seca mucho más rápido, a través de mi web.

Con ambos métodos deberás aplicar pintura verde entre los "diamantes". Para ello, aplica pintura acrílica entre las secciones e inmediatamente frota con un paño suave para eliminarla. De este modo dejaríamos la pintura necesaria para obtener más profundidad con el verde. Puedes usar un pequeño taladro con un difusor para pulir y eliminar la pintura sobrante de la superficie.

Paso 4

El demencial método de las murrinas es, lógicamente, nuestra tercera opción.

Paso 5

Si ya eres veterano con las murrinas, seguro que estas imágenes te serán muy útiles.

Paso 6

El centro de la piña es en realidad bastante sencillo. Empleé un poco del amarillo transparente original de Fimo (desgraciadamente ahora sólo está disponible en Fimo Soft) y Fimo de muñecas de porcelana para hacer las franjas. También puedes usar una mezcla de blanco y transparente. Si no puedes conseguir el Fimo amarillo transparente puedes mezclar un poquito de amarillo dorado al transparente. Yo apilé los colores uno encima de otro (ver el proyecto de las cebollas en mi libro "Making Miniature Food" o entra en mi web para ver el enlace a YouTube).

Aplica un poco de barniz Fimo para darle un aspecto verdaderamente jugoso.

YouTube!

En mi web angiescarr.co.uk hay un enlace a los vídeos de YouTube en los que explico cómo hacer las piñas.

Calamar

Publicado originalmente en el n° 74 de DHMS Magazine – Agosto del 2000

¡Aquí tienes el calamar que me pediste, Margaret!

¿Cómo podría haberme resistido a aceptar el reto que la señorita Margaret me propuso cuando nos vimos en la feria de Pudsey el pasado abril? Su propuesta no fue otra que nuestro escurridizo amigo el calamar.

Le debía un pequeño favor y qué mejor forma de devolvérselo.

Gracias también a Mister Simpson, mi pescadero oficial en Hessle Road, históricamente el centro de la comunidad pesquera de Hull, mi ciudad, quien amablemente me informó de que los calamares son muy comunes en todas las costas de Gran Bretaña y que han sido consumidos en todas las mesas en diversas épocas. Me sorprendió su comentario, pues siempre había considerado al calamar como un plato más bien exótico.

Los principales problemas que experimenté al hacer el calamar fueron conseguir un efecto transparente y elaborar una capa de color para la piel lo suficientemente fina. Al igual que con las langostas, puedes pintar ligeramente el producto final pero para obtener un auténtico buen acabado no hay nada como hacerlo todo con arcilla polimérica.

Paso 1

Para el cuerpo principal he empleado en esta ocasión Fimo de muñeca de porcelana, que posee todas las características que buscamos. No obstante, puedes emplear una mezcla 75% / 25% de translúcido y blanco respectivamente, pues el Fimo de muñecas es bastante difícil de encontrar y se vende en cantidades más bien grandes y muy caras. Otras marcas de arcilla polimérica tienen transparencias

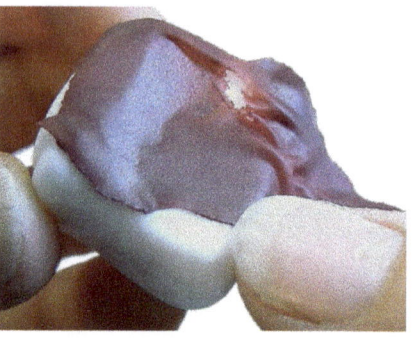

de diversos grados, pero en general esta mezcla será muy similar

Para la piel necesitas hacer la capa más fina que te sea posible en color burdeos. Coloca una pieza bien fina sobre un cubo de arcilla bien mezclada.

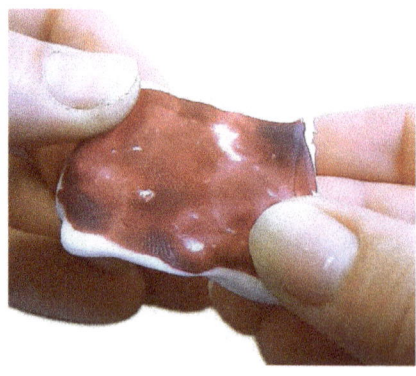

Paso 2

Presiona ambos materiales uno contra otro hasta que la piel se estire al límite y empiece a rasgarse, dejando entrever el blanco del cuerpo. Enrolla el resultado en un bastoncillo y alárgalo hasta que su grosor sea de 1 cm.

Paso 3

Repite todo el proceso usando un morado más oscuro. Corta el primer bastoncillo y pellizca su extremo dándole forma cónica. Utiliza una herramienta con una bolita en el extremo o un palito de cóctel lijado para hacer un pequeño agujero en la parte inferior del cono. Introduce en él un cono similar o algo más pequeño.

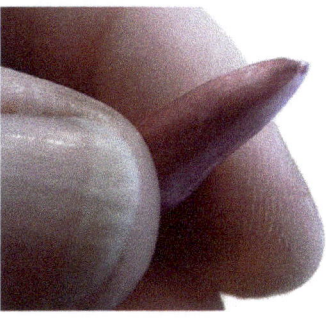

Paso 4

Usando de nuevo la herramienta con la bolita, haz un hueco en el cuerpo donde irán las patas.

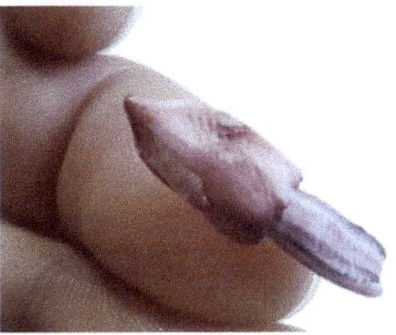

Paso 5

Haz las patas con una herramienta dental o cuchilla de punta roma. No olvides hacer una de las patas más larga que las demás.

Paso 6

Amasa las aletas para hacerlas más finas. Luego marca sutilmente una línea en el centro del cuerpo. Añade dos ojos pequeñitos con el morado más oscuro. Hornéalo en un plato o en un azulejo de cerámica o bien en su expositor definitivo.

Paso 7

Por ejemplo, puedes hacer una losa de mármol con Fimo mezclando unos trocitos de gris y negro con blanco, cortándolos en pedazos y amasándolos juntos hasta que se asemejen al mármol. Extiende esta masa en una capa muy fina sobre un azulejo de cerámica. Luego corta pequeños rectángulos con una regla o escuadra pero no intentes separarlos aún del azulejo. Después de hornearlos ya puedes retirarlos del azulejo y lijarlos para obtener un perfil perfecto

El glaseado final con el barniz de Fimo le da al calamar su aspecto húmedo y escurridizo, pero ten cuidado de no pasarte. Puedes probar mezclando barnices mate y brillo hasta dar con el efecto adecuado.

Huevos

Publicado originalmente en el nº 75 de DHMS Magazine – septiembre del 2000

Caja De Huevos

Gracias a Margaret Bird (a quien conocí en Hove) por pedirme los cartones de huevos, y a Mike Bennett, que eligió los huevos de entre una lista de un metro de larga. (¡Eso es hacer trampa, Mike!)

Mis agradecimientos también a la encantadora señora que conocí en el autobús y que me confesó que pronto cumpliría los 80. ¿No es curioso cómo empezamos a admitir de nuevo nuestra edad después de los setenta? Ella (¿Ethel?) había trabajado en una tienda de comestibles y me contó cómo los granjeros solían traer cestas de huevos para vender en Hull desde todo East Yorkshire y desde el sur del río Humber, y que por aquella época había un vapor de palas que lo cruzaba. Le pregunté cuándo recordaba haber visto por primera vez bandejas y cajas de huevos de papel maché. Respondió que no hasta después de la guerra e intentó explicarme cómo eran las primeras cajas de madera con separadores de cartón. Desgraciadamente no entendí del todo como eran en realidad estas cajas, de modo que agradecería a aquel que supiese algo más sobre ellas se pusiese en contacto con la revista

Este reto fue bastante difícil para mí, pues no tenía experiencia en hacer moldes y estoy convencida de que con mi técnica verdaderamente "rompí todos los moldes". Para este proyecto empleé Milliput para todos los moldes que necesité (se puede encontrar en la mayoría de tiendas de modelado y viene en diversos colores). El más barato y pienso que también el más adecuado para moldes es el gris estándar, aunque aquí he usado blanco por ser el que tenía más a mano en casa. El Milliput es resina epoxi compuesta de dos materiales diferentes. No olvides usar guantes finos cuando estés empleándola. Es muy probable que se te pegue algo pero puedes lavarte las manos con los guantes aún puestos, ya que si está aún fresca se disuelve fácilmente en agua. Mezcla sólo la cantidad que precises, pues se seca de repente poco después de mezclarse.

Para hacer los moldes con este método tendrás que tener gran paciencia o que te sobren quince minutos diarios, ya que cada paso del proceso es corto pero precisa de un día para su secado. *[Actualmente uso Minitmold, disponible en mi web angiescarr.co.uk, para la mayoría de mis moldes, pues se asienta en diez minutos y no necesita de ningún otro producto excepto de un poco de polvos de talco para hacer la segunda mitad del molde.]*

Paso 1

Haz primero un rectángulo achatado de Milliput. Haz presión levemente con un rotulador fluorescente para hacer dos hendiduras una al lado de la otra. Una será la tapa y otra la base de la caja de huevos. Puedes alisarlas con una herramienta de modelado y un poco de agua. Yo empleo una esponja de cocina y una taza con un tercio de agua. Siempre mantengo húmedos mis utensilios de modelado. El efecto es más suave y ello nos permite hacer un mejor molde. Deja esta parte asentarse durante la noche.

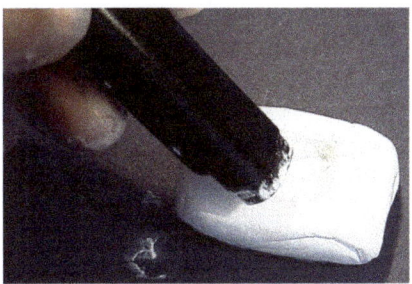

Paso 2
Al día siguiente, añade un poquito más de Milliput a una de las mitades de la caja.

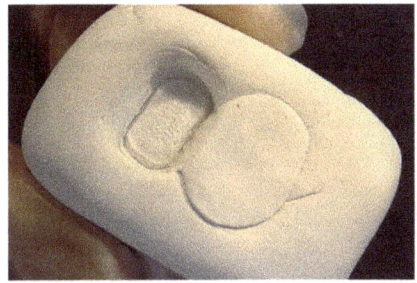

Paso 3
A continuación debes hacer unas pequeñas incisiones con un destornillador 'posidriv' (yo sólo empleo la punta). Verifica que las cruces vayan paralelas a los bordes de la caja, de modo que formen un signo + y no una X.

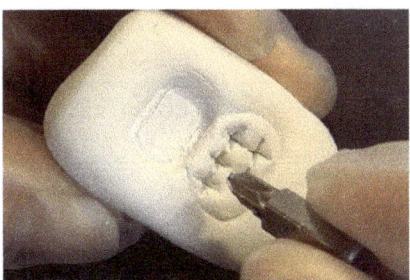

Paso 4
Con una herramienta de modelado de punta chata, presiona cada una de las secciones + del "envoltorio" para formar los receptáculos. Luego haz un borde alrededor del molde para hacerte una idea de por dónde deberás cortar. Deja secar esta parte.

Paso 5

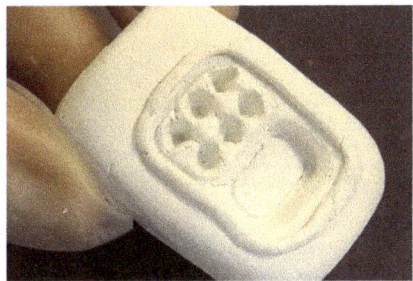

También puedes hacer las bandejas de huevos empleando un destornillador de estrella. Esta fue hecha con Fimo.

Paso 6
Al día siguiente, píntalo todo con una capa gruesa de Maskol.

Paso 7
Cuando se haya secado, pon más Milliput en el molde para formar la parte superior. Se recomienda hacer un agarre para el dedo

para que te sea más fácil quitar el molde ya acabado. Un día después, cuando se haya endurecido, dibuja algunas flechitas en cada mitad del molde para orientarte, separa las partes y retira el Maskol.

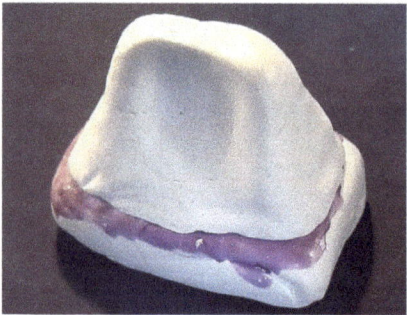

Paso 8

Haz láminas muy finas con una mezcla de gris blanquecino de arcilla polimérica. Insértalas con suavidad en el molde y finalmente presiona las dos mitades una contra otra, con delicadeza pero firmemente. Yo utilizo talco para separarlas.

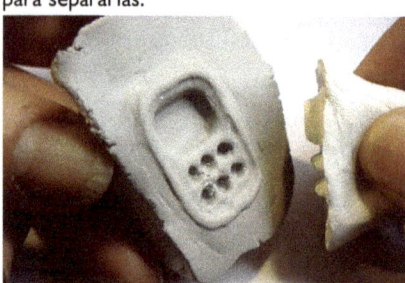

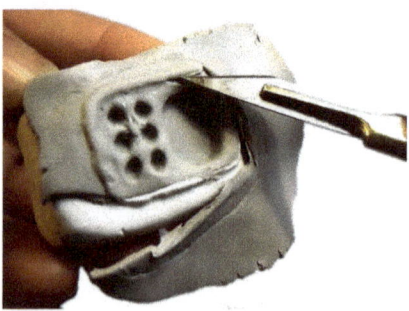

Paso 9

Si estuvieras haciendo bandejas, llegado este momento puedes sacar todo el contenido del molde y colocarlo en un plato o azulejo. Cuando haces cajas de huevos tienes que recortarlas primero y ponerlas a hornear aún dentro del molde.

Paso 10

Sácalas con cuidado mientras aún estén calientes y únelas con suavidad con un paño o toalla de té. Tienes que cerrar las mitades mientras aún estén calientes para que mantengan la forma. Los huevos son fáciles de hacer y puedes dar al proyecto un poco de realismo y humor añadiendo un huevo roto tal como he hecho aquí.

Paso 11

Para hacer un huevo abierto, coge una pequeña bola de arcilla y presiona con una herramienta terminada en una bolita. Hornéalo y luego corta pequeños trocitos con unas tijeras de uñas para asemejar el borde quebrado. Tienes que poner un poquito de Fimo amarillo para la yema y hornearlo de nuevo. Antes de colocarlos en el expositor, añade algo de 'Scenic Water'. Aunque la compré en una feria de miniaturas ahora uso Fimo Líquido.

Con las bandejas de huevos, no olvides apilar varias una encima de otras. No tiene que haber huevos por toda la pila, de modo que haz solo los que asomen por los bordes y une los cartones usando Mix Quick, o Fimo que te haya sobrado siempre que esté fresco.

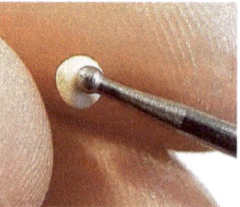

Patatas Cocidas

Publicado originalmente en el nº 77 de DHMS Magazine – Noviembre del 2000

Una patata, dos patatas, tres patatas, ...

Como siempre, muchas gracias al lector que me envía el reto. En este caso, Nikki Belgrove me desafió a que hiciese patatas cocidas, un bonito y simple proyecto que no había llevado a cabo con anterioridad. Esto me llevó a concebir una serie de nuevas ideas para elaborar patatas. La hermana de Nikki, Sarah, me pregunta si podría hacer paella. Mmm, Sarah, creo que

no estaría nada mal que pudiese hacer una pequeña investigación "sobre el terreno".

La mezcla básica para la patata es aproximadamente 50% translúcido, 25% blanco y 25% Fimo de color crema con una muy pequeña cantidad de ocre.

Paso 1
Una patata ...

Primeramente necesitas hacer un pequeño óvalo de aproximadamente 1 cm de largo para una patata más bien grande. Antes de cocerla, imprégnala de pintura acrílica marrón que habrás vertido con anterioridad en una esponja. Yo he usado 'Matt Dark Earth' de Humbrol.

Paso 2

Antes de cocer la patata debes hacer una incisión en forma de cruz y abrirla delicadamente con la cuchilla. Después yo las pre-horneo de modo que pueda conseguir el efecto de la mantequilla derretida sin peligro de estrujar y deformar la patata. Para la mantequilla empleo una mezcla de Fimo amarillo, translúcido y crema. Para la col desmenuzada basta con rallar una

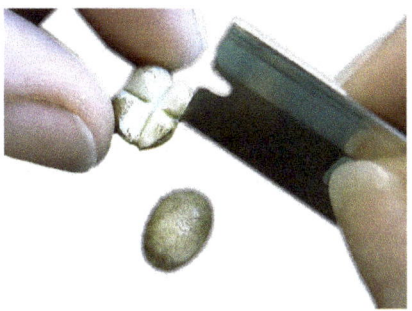

mezcla de Fimo blanco y translúcido con una pizca de mezclas verde pálido y naranja pálido.

Paso 3

Necesitas un rallador con los agujeros más pequeños que puedas encontrar. El mío lo conseguí en Ikea y, por supuesto, lo utilizo solo para las miniaturas y no para la cocina. El mes que viene os mostraré un uso aún más sorprendente para los instrumentos de cocina habituales.

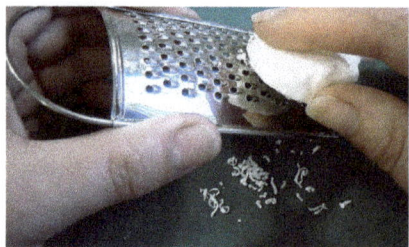

Por cierto, los métodos para hacer los huevos, pepinos y la ternera con puré de patatas de la última foto aparecen en la revista Projects (número dedicado a las Bodas).

Paso 4

Dos patatas ...

Patatas fritas. Facilísimo! Emplea la misma mezcla de las patatas, corta pequeñas formas de patata frita y apílalas juntas. Intenta que los bordes queden nítidos y ten cuidado de no achatarlos. No les pongas el brillo hasta que la arcilla se haya asentado completamente.

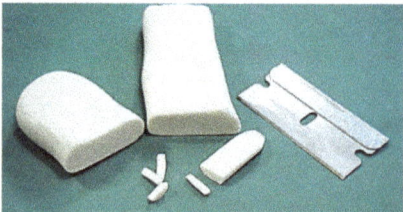

Paso 5

Para la textura del pescado rebozado empleamos el mismo método que para el puré: simplemente estiraremos el material hasta que se rompa y retocamos la textura con una herramienta dental. Podemos incluso usar este mismo método para el puré de guisantes.

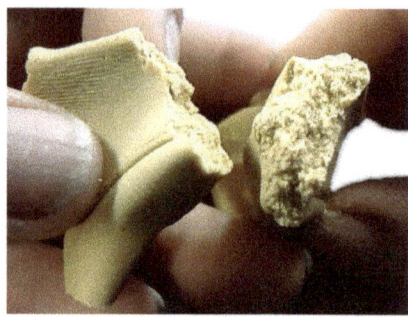

Paso 6

Corta una rodaja con la cuchilla.

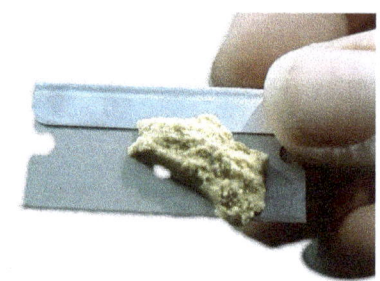

Paso 7

Mister Friki (el apodo cariñoso para mi marido, un obseso de los ordenadores) hizo el periódico usando mi cámara digital para una foto de un artículo de periódico real, un avance en cuanto a reducir tamaños con la fotocopiadora, aunque si tienes un escáner te será aún más fácil.

Paso 8
Tres patatas ...

Puré. Por lo menos no tienes que pelar las patatas. Aunque podrías hacer lo mismo que con las patatas cocidas, romperlas del mismo modo que hicimos para obtener la textura del pescado rebozado y simplemente ir cortando trocitos de esta masa.

Paso 9
Cuatro ... ?

Aunque no se muestran, no olvides intentar hacer patatas asadas; empleamos el mismo método que para con las patatas fritas pero cortando pequeñas patatitas ovales en cuatro partes. Puedes usarlas para adornar tu pavo de Navidad (ver el reto de Ally Pally) o platos de carne asada.

Alcachofas

Publicado originalmente en el nº 78 de DHMS Magazine – Diciembre del 2000

O curiosas prácticas con utensilios de cocina.

Así debe sentirse un atleta que rompe su propio récord que parecía imbatible. Odio admitirlo, pero todo lo que he hecho hasta hoy parece ahora tan ridículo e innecesariamente complicado. Mientras intentaba encontrar un método para las alcachofas para Nikki Belgrove me he topado

con la única manera sensata de hacer piñas. Así que… ¿puedo rebobinar y hacer las piñas de nuevo, Marion?

Se me ocurrió la idea de usar un colador para dar textura a las hojas de alcachofa. La inspiración me vino, como suele ocurrir con estas cosas, en la cama un domingo por la mañana: es el mejor momento para dejar correr la imaginación, aunque esto suponga pasar la tarde del domingo llevando a Míster Friki de un supermercado a otro buscando coladores con rejillas de distintos tamaños y texturas. Un consejo importante: cuanto más baratos, más grandes son los agujeros de las rejillas! Mis compras fueron bastante productivas pero la calidad fue quizá demasiado buena para lo que buscaba. El lunes estaba de nuevo rebuscando en las tiendas más baratas, las que necesitan ofrertar tres por un euro para vender, pero que a mí me vienen estupendamente.

Paso 1

Aquí se muestran tres de mis hallazgos.

Paso 2

Conseguí la alcachofa con la malla de los agujeros más grandes. A partir de ahí me enganché y me puse a investigar qué podía hacer salir del resto de coladores. Entonces fue cuando me llevé las manos a la cabeza y me di cuenta de cuán torpe había sido. Con este método obtener las

piñas era increíblemente sencillo si utilizábamos un colador de malla media. Con una malla aún más pequeña, en este caso con un protector de los que se emplean para evitar salpicaduras de la sartén, conseguí elaborar piñas de una calidad aceptable.

Paso 3

Para conseguir la textura debes presionar la arcilla firmemente para que atraviese la malla, pero sólo un milímetro aproximadamente. Luego sepárala con cuidado. Puede que tengas que practicar un poco antes de obtener un buen resultado.

Paso 4

Corta luego una pequeña rodaja de la superficie. Aplasta un poco el borde para que no sobresalga y envuelve la lámina alrededor de un tallo cilíndrico del mismo material.

Paso 5

Horneé y luego froté ligeramente la superficie con una pieza de arcilla color burdeos para colorearla muy sutilmente

y la volví a hornear. También puedes colorearla con polvos de colores pero yo no disponía del color adecuado en aquel momento.

Paso 6

Piñas… de nuevo.

Las hojas de piña se elaboraron con el mismo método, a la vez que las del reto de las piñas (DHMS 74).

Paso 7

…y de nuevo envolví la "piel" alrededor del cuerpo central.

Por cierto: me han preguntado en varias ocasiones desde que publiqué el artículo que cómo elaboré la pulpa de la piña. Fue muy simple: hice una pila con una mezcla de arcilla polimérica translúcido / amarillo y una mezcla translúcido / blanco (las técnicas de apilado aparecen en mis vídeos). Luego envolví la pila de franjas resultante alrededor de un cuerpo central de una mezcla ligeramente más anaranjada e hice una murrina de aproximadamente 1 cm de diámetro. El cuerpo central fue de nuevo troceado para obtener las rodajas de piña.

Paso 8

Obtuve las pequeñas piñas de pino envolviendo una finísima capa de la superficie de una de ellas alrededor de una pieza cilíndrica central, exactamente igual que hice con las alcachofas.

Otros ejemplos de utensilios de cocina que he empleado para las miniaturas: una máquina de hacer pasta, un rallador (reto del mes pasado), un robot de cocina (para mezclar grandes cantidades de arcilla), cuchillos de sierra, utensilios para decorar tartas y así una larga lista. En realidad no me quedan muchos utensilios de cocina, pero no importa demasiado pues desde que me mudé de casa apenas cocino y me alimento de comida por encargo, ya que la mayor parte de mi tiempo se va levantando paredes, escribiendo mi libro y respondiendo a vuestros retos. Sí, mi adicción a la arcilla polimérica es sólo comparable a mi dependencia del chocolate (¿Alguien más se ha dado cuenta de la textura parecida a las escamas de pez que aparece en las cajas de Matchmakers?). Así que no me eches la culpa si tu pareja se encuentra el rallador de queso debajo de la cama (¿o es que sólo me ocurre a mí?)

Este fin de semana también tengo que encontrar tiempo para hacer complejas "pulseras de la amistad" para la fiesta de mi barrio. Tengo que escribir en ellas 'Coltman Street Village 2000', como si fueran "seaside rock" (un dulce típico de la costa inglesa que se asemeja mucho a una murrina de los que utilizamos los miniaturistas y que contiene dentro el nombre de la playa donde se venden). Esto sí que es un reto!

Seaside Rock.

El término "Seaside Rock" aparece en varias ocasiones a lo largo de este libro y hemos considerado oportuno hacer una pequeña aclaración acerca de él. El "Seaside Rock", o "roca de la costa", es típico de las poblaciones costeras de Inglaterra y muy parecido a las barras de caramelo americanas. Se trata de un cilindro hecho de azúcar en el que suele aparecer en otro color el nombre de la ciudad u otro motivo a lo largo de todo el mismo. En España se vendían unas deliciosas secciones de limones y naranjas usando esta técnica. Lo interesante es que el nombre o el diseño en su interior se mantienen a medida que sigues comiendo. Son un delicioso recuerdo de tu visita al mar y a los niños ingleses les encanta. Su similitud con las murrinas utilizadas para hacer miniaturas nos es muy útil para explicar alguna de las técnicas expuestas a continuación.

Tapas

Publicado originalmente en el nº 79 de DHMS Magazine – Enero del 2001

Viva España!

Estamos en esa época del año en que nos bombardean con la navidad desde cada escaparate, desde cada revista y desde cada programa de televisión, así que, como buen miniaturista, seguro que estás hojeando tu revista de miniaturas favorita buscando ideas que desarrollen tu intelecto. ¿Por

qué no aprovechar para recrear las felices vacaciones de verano y así deshacerte de la tristeza invernal?

Le prometí a Sarah Belgrove que abordaría el reto de la paella en cuanto pudiese investigar un poco. La verdad es que tenía planes para tomarme mis primeras vacaciones en tres años y cualquier excusa era buena.

He tenido la suerte de poder visitar el sur de España tres veces y estoy considerando la idea de abrir mi propio bar de tapas, tumbarme y dejar volar mi imaginación, pero por el momento me tendré que contentar con dejaros por aquí mis ideas sobre los dos artículos que me han retado a hacer, y unas cuantas ideas más sobre la cocina española.

La paella no es el plato más común de los menús de los restaurantes andaluces y mi marido es vegetariano, por lo que solemos darnos buenas caminatas intentando encontrar una pizzería, lo cual es una pérdida de tiempo en mi opinión, ya que podríamos estar disfrutando la verdadera comida típica.

La gente del sur de España es bastante carnívora y también les encanta todo tipo de pescado: gambas, mariscos, calamares, pulpo,... son algunos de los alimentos más comunes. Otros son los quesos grasos (a los que sin duda les afecta el calor) y el jamón curado, parecido al Parma, que se sirve recién cortado de la pata en cualquier restaurante y bar y que para mí constituye el auténtico sabor de Andalucía. Para conseguir un verdadero ambiente de bar de tapas no podemos olvidar los huesos de aceituna y las servilletas esparcidas por el suelo.

Paso 1

Podemos conseguir un color aceituna aceptable con una mezcla de verde hoja y un poquito de naranja. Ve añadiendo gradualmente un poco de naranja para obtener al menos dos o preferiblemente tres variantes del color básico. Al mezclar diferentes tonos conseguimos un efecto mucho más realista. Rellené las aceitunas con rojo para los pimientos pues es más colorido y además ese era mi reto. En un bar de España es más probable que te sirvan las olivas sin procesar, algunas con sus ramitas y todo, y generalmente aliñadas con ajo y especias diversas. La verdad es que un poco difícil hacer estas aceitunas tan pequeñitas.

Paso 2

Siguiendo el procedimiento habitual, hice una murrina verde con rojo en el centro ...

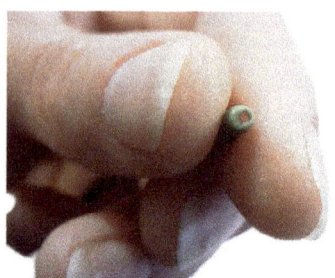

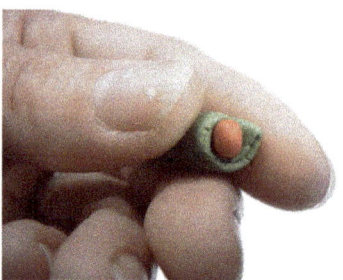

Paso 3

Luego aplasté el extremo y arranqué un trocito de la murrina a la que di forma ovalada. A continuación hice una pequeña hendidura en el extremo.

Siempre puedes tomar el camino más fácil y pintar el rojo. No te engañes pensando que debes de poner un agujero y una cruz en el otro extremo si estás haciendo las aceitunas a la española, ya que casi nunca encontrarás aceitunas sin hueso en un bar español.

Paso 4

La paellera es mucho más fácil de hacer de lo que podrías pensar. Puesto que es negra y su contenido es de colores brillantes, las imperfecciones no se notarán tanto. Corté un círculo con un cortador para modelar azúcar algo mayor que una moneda de dos peniques (más o menos

como una moneda de 2€), pero cualquier tamaño vale siempre que la moneda quepa en el interior. Hay paelleras de muy diversos tamaños.

Paso 5

Luego presioné los salientes de los círculos hacia abajo hasta entrar ligeramente en contacto con la superficie a utilizar para el horneado.

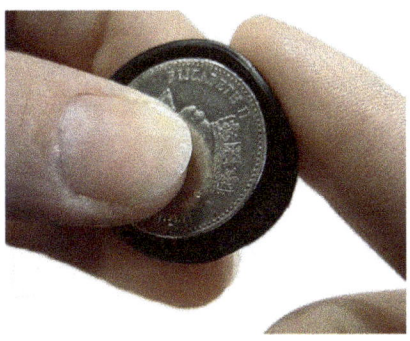

la patata y la pasta de pescado en el reto de patatas cocidas del número 77.

Paso 8

Pegué el "arroz" a la paellera ya pre-horneada con un poco de Mix Quick.

Añadí guisantes y pimientos con pequeñas bolitas de verde y tiritas rojas para dar colorido y por último añadí el pescado.

Paso 6

Después hice dos pequeños cilindros como asas y los inserté sobre el borde de la "paellera" con una herramienta para modelar. Previamente había horneado y dejado enfriar la paellera.

Paso 9

Para la guarnición hice primero las rodajas de calamares con Fimo Muñecas color blanco porcelana (75% translúcido 25% blanco). Corté las rodajas de este rollo aún en la aguja. Las gambas fueron de mi propio stock *(se muestran en un vídeo de YouTube al que podéis acceder desde angi-escarr.co.uk)*

Paso 7

La mezcla de arroz era una mezcla de color amarillo, blanco y translúcido, simplemente partida en dos, al igual que hice con

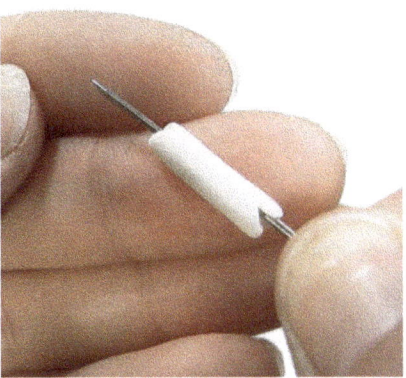

Paso 10

Para la cáscara del mejillón empleé finas láminas negras y grises (obtuve el gris con negro y una mezcla transparente/blanco, o con Fimo Muñecas color blanco porcelana).

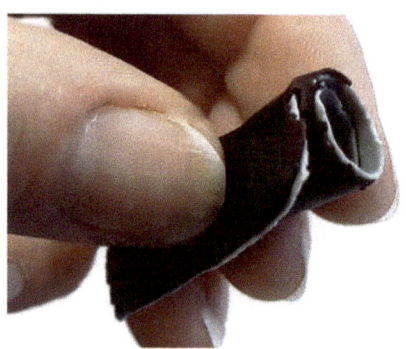

Paso 11

Hice un rollito con forma oval el cual corté en rodajas. Para los mejillones empleé una mezcla de crema, naranja y ocre.

Paso 12

Una vez horneadas, añadí a las miniaturas un poco de glaseado para que pareciesen cocinadas. Para las aceitunas usé barniz, de modo que pareciese que estaban aún húmedas y añadí algo de "Scenic Scatter" para las especies.

Para la muestra, añadí una cesta de pan y roscos tal como se sirven habitualmente en bares y restaurantes en España. Debo admitir que durante nuestras vacaciones mi familia apenas tocó el contenido de estas cestas, a pesar de tienen un aspecto estupendo.

Feria de Alexandra Palace

Publicado originalmente en el nº 80 de DHMS Magazine – Febrero del 2001

En directo desde la feria de "Ally Pally"

Antes que nada quiero agradecer a todos los que estuvisteis en la feria de Alex-

andra Palace (coloquialmente "Ally Pally") por pasaros para ver las demostraciones en mi stand y por dejar tantos interesantes desafíos, algunos de los cuales abordaré en los meses venideros. También mis disculpas por mi pobre actuación musical durante la cena (se me pidió que interpretara algunas canciones a la guitarra). ¡Se me cerraban los ojos de cansancio! Cierto, la agotadora vida del miniaturista …

Había solicitado ideas para un "reto en vivo" que llevaría a cabo a las dos de la tarde todos los días. También atendería otras peticiones y preguntas menos complejas durante toda la jornada. Algunas de las ideas eran difíciles de recrear sin un horno para poder hornear las piezas entre una etapa y otra, y otras requerían de tiempo para intentar encontrar una solución. Sin embargo, todo el mundo parecía encontrarse animado y de buen humor, pues la fiesta tuvo lugar durante el último fin de semana de noviembre.

Paso 1

De la lista del primer día escogí el pollo asado.

Paso 2

Este reto me fue sugerido por el pequeño Sam Kerridge, que se quedó pegado a mi mostrador todo el día hasta que su madre tuvo que llevárselo a la fuerza horas más tarde. Cuidar de los niños de los propietarios de otros puestos parece haberse convertido para mí en una ac-

tividad paralela recurrente. Supongo que debería considerar un cumplido el que Sam se familiarizara con mi charla hasta el punto de llegar a repetir mis frases al público. Al final del día lo podría haber dejado encargado del stand sin ningún problema. También fue mi fotógrafo y disparó mi cámara para obtener las fotos de repollos y naranjas (ver debajo)

Paso 3

Puesto que los principios para hacer el pollo asado ya se exponen en mi libro Making Miniature Food no los repetiré aquí. Tan sólo recuerda que un pollo es más pequeño y tiene una pechuga más fina que un pavo. El hueco del cuello también es más pequeño, por lo que no queda demasiado espacio para el relleno. Añadí relleno y rollos de beicon únicamente por que me gustan. El pollo de la imagen necesitaría una mano de Humbrol Clear Colour para que pareciese ya cocinado como el pavo. *[El Humbrol Clear Colour puede no estar ya disponible, pero ya aportamos una alternativa en el capítulo 1 al hacer la cabeza de jabalí]*

los utensilios que compré para remover pintura en la caseta de Squire parecen magnificas cucharas de servir por un lado y remos por el otro. Adicionalmente, me fueron verdaderamente útiles como herramientas de modelado.

Paso 5

Unas semanas antes había añadido los contenidos de un set de boquillas para glaseado a mi caja de herramientas y ya sabía cuál iba a usar exactamente para este proyecto. Creo que se emplea para glasear hojas o cintas. Uno de sus extremos se asemeja a un pequeño óvalo alargado per-

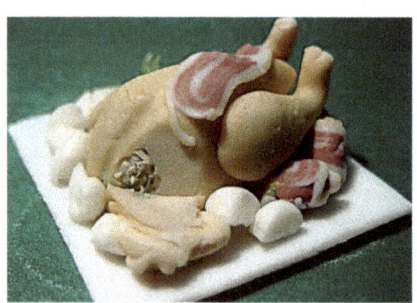

Paso 4
Muérdago.

A última hora del segunda día, una amable señora de Brightling sea llamada Pam me lanzó un reto que cautivó mi imaginación. Soy el tipo de persona que primero compra una herramienta y luego se pregunta para qué sirve. Por ejemplo,

fecto para mis hojas de muérdago. Obtuve el color mezclando verde hoja y ocre.

Paso 6

Conseguí los tallos presionando la masa y usando una extrusora.

Paso 7

Las bayas son Fimo de Muñecas color porcelana pero puedes usar una mezcla 75% translúcido 25% blanco.

Hice todas las trampas posibles y compré un tira de hojas de acebo en el stand de Merry Gourmet Miniatures. Las bayas de acebo son cuentas de semillas que vendían en el stand de Tee Pee Crafts y la cesta era de 'C+D crafts'. Debo admitir que no pude montar esta exposición este mismo día ya que los tallos estaban muy blandos, por lo que le prometí a Pam que se las enviaría

Paso 8

Otras demostraciones que hice durante el fin de semana incluyeron naranjas, murrinas de repollos (foto) y plátanos pelados y sin pelar.

El proyecto de naranjas se muestra al completo en mi página web angiescarr.co.uk y también encontrarás allí enlaces a mis vídeos en YouTube para hacer naranjas, plátanos y repollos.

Sandwich

Publicado originalmente en el nº 81 de DHMS Magazine – Abril del 2001

¿Nos hemos vuelto locos?

Mi amiga Gail y yo reflexionábamos en la feria del pasado año en Alexandra Palace sobre nuestra cordura como miniaturistas y sobre la de todos los que coleccionamos cosas pequeñas e increíblemente detalla-

das. Si estamos locos, pensamos, al menos somos el mejor tipo de locos que existe y solemos llevarnos bien entre nosotros, algo que no puedo afirmar del igualmente loco mundo de los músicos que ocasionalmente habito. El sábado pasado bien tarde estaba tumbada en la cama maquinando un nuevo proyecto cuando, de entre mis cartas, abrí una que me deleitó tanto que casi acabo dándole bocados a las sábanas y con las lágrimas saltadas. Tenía que compartirla con vosotros. Gloria escribió:

Querida Angie,

Me han dado una casa de muñecas y mi intención es convertirla en un bufete de abogados. El aprendiz que trabaja en él se llamaría Des Astor (NOTA: este nombre suena igual que la palabra "desastre" en inglés) y es un nombre muy apropiado! Me encantaría encontrarme entre todos los papeles desordenados de su despacho con un suculento y enorme bocata de beicon y huevos pero no sé cómo hacerlo (el perímetro de mi cintura atestigua todo lo que he investigado a tal efecto). Quedaría estupendo con dos gruesas rebanadas de pan con su corteza bien tostadita y cortadas en diagonal: una de las mitades todavía sin mordisquear con sus lonchas de crujiente beicon colgando por ambos lados y salsa marrón rezumando desde su interior. La otra mitad aparece mordida y sobre la bolsa de papel en el que estaba envuelto gotean, lentamente, yema de huevo y salsa marrón... Con permiso, voy a la cocina a comprobar si mi descripción es correcta....!

Por favor, ¿me podrías ayudar o necesito un médico?

Sí, Gloria; lo más probable es que sí. ¿Pedimos cita juntas?

Paso 1

Lo primero es preparar la murrina de la cual vamos a cortar las rebanadas de pan. Empleé una mezcla de Fimo translúcido y blanco (en proporción 3 a 1 aproximadamente) con un poquito de ocre para romper el blanco. Debemos dar forma rectangular a esta mezcla. Luego envuélvela con una mezcla algo más oscura que obtendrás añadiendo un trocito de marrón.

Paso 2

Estira y amasa esta lamina hasta que quede lo más fina posible.

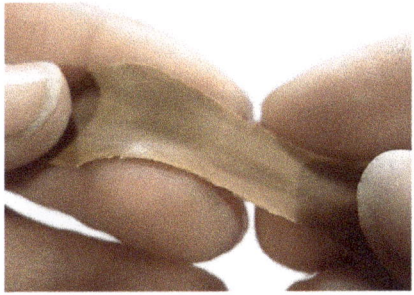

Paso 3

Terminamos la corteza con una tira muy fina de una mezcla de ocre y marrón y un poco de la mezcla original. Dejé reposar y enfriar esta murrina para que fuese más fácil cortar las rebanadas sin que perdiese su forma.

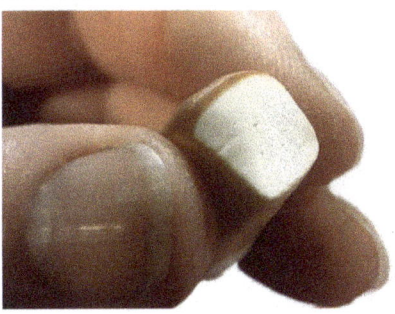

Paso 4

Para el beicon utiliza una pila de una mezcla de rojo carne y ocre junto a capas de la mezcla de translúcido y blanco

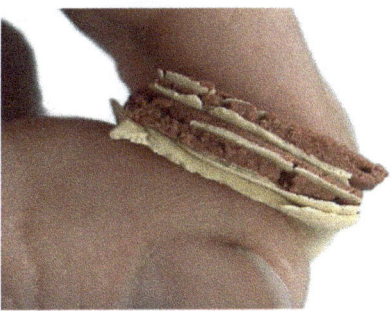

Paso 5

Alargar y dejar reposar.

Paso 6

Aunque el huevo no se verá al completo, no quedaría mal representarlo como un huevo frito entero. Necesitamos una

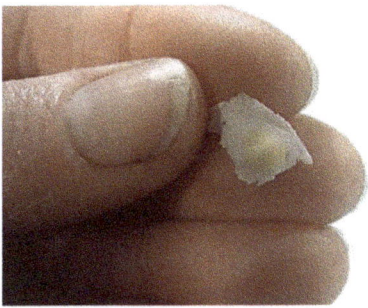

fina base en blanco, una pequeña gota de amarillo dorado mezclado con un poco de naranja para la yema y algo de translúcido por arriba.

Paso 7

Finalmente corté rebanadas de pan e hice mi sándwich con el beicon.

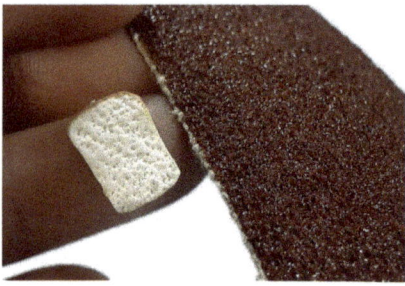

marrón y yema y el par de bocados en uno de los lados, que hice con el extremo redondeado de una manga pastelera.

Paso 8

No olvides poner algo de la mezcla de amarillo así como un poco de pintura marrón y una mezcla adhesiva de Fimo marrón (con Mix Quick) para el acabado de la escena. *[El Fimo Líquido apareció con posterioridad a este reto y es el que suelo utilizar, mezclado con un poco de óleo marrón]*

Paso 9

Luego añadí el tipo de detalles que sólo se le podrían ocurrir a alguien como yo: el corte diagonal, los goterones de salsa

Paso 10

Por cierto, decidí usar pañuelos de papel en vez de una fina capa de Fimo para el envoltorio, pues los detalles son tan minúsculos que hasta el "papel" de Fimo quedaría algo chapucero.

Lombarda

Publicado originalmente en el nº 82 de DHMS Magazine – Abril del 2001

Puedo haberla confundido ...

Una clienta me telefoneó hace poco preguntándome como hacer lombardas. Por dármelas de lista improvisé la respuesta

sobre la marcha. Cuando colgué me quedé algo preocupada pues pude haberla confundido, así que he decidido hacer de su petición el reto de este mes ...

Cuando lo vi por la tele recientemente, el chico que hace miniaturas a escala microscópica me dejó maravillada (hizo un galeón con las velas desplegadas en la cabeza de una cerilla), pues se expresaba con una gran fluidez y su trabajo hace que el mío no parezca tan inaccesible. Parece ser que al abandonar el estudio le dijo al presentador: "¡Aún no habéis visto todo lo que soy capaz de hacer!".

Una se pregunta cuál será su próximo proyecto. ¿Una casa de muñecas con todos sus muebles en una cabeza de alfiler? Este tipo de miniaturas es como decidir escalar una montaña por la simple razón de que "está ahí". Aunque con el método de las murrinas podemos obtener miniaturas verdaderamente pequeñas, para obtener resultados que podamos apreciar incluso a escala 1/12 necesitamos ponernos unos límites pues, por poner un ejemplo, no es posible hacer hojas de vegetales o árboles a esta resolución. E incluso si pudiéramos el resultado no sería apreciable a simple vista.

Igualmente, el tamaño de las partículas de la arcilla polimérica se convierte en un problema a tamaños tan minúsculos. Se trata de conseguir la esencia del artículo que estemos haciendo. Es como ser pintor: tienes que elegir entre ser realista, hiperrealista, impresionista o dibujante (creo que mis cangrejos tienen cierto aire de cómic). Cuando hago el repollo normal hago una murrina con las venas de las hojas en un color algo más claro insertadas en él, lo cual le confiere cierto aspecto impresionista. En este caso estoy intentando resaltar la visibilidad de la miniatura a costa de otras de sus características.

Para la lombarda he usado un método completamente nuevo que le da un aspecto súper real y que puedo utilizar sin problema puesto que el contraste en las hojas de lombarda es mucho más grande que en las del repollo. En este proyecto "adelgazamos" tanto el color que el tamaño de las partículas empieza a afectar nuestro trabajo En el proyecto del número 76 el calamar las partículas de la arcilla nos servían para conseguir una superficie moteada. En cambio aquí queremos que pasen desapercibidas.

Lo único a lo que no podemos renunciar es a tratar de obtener la mezcla de color exacta. Es absolutamente esencial conseguir un morado muy fuerte. En realidad os aconsejo, como siempre, que adquiráis una lombarda en el mercado para obtener el mejor resultado posible.

Paso 1

Estira el morado lo máximo posible. Añade capas de morado a ambos lados de una capa más gruesa de una mezcla de translúcido y blanco y estira de nuevo hasta obtener láminas muy finas. Necesitaras dos láminas: una muy fina y otra ¡más fina todavía!

Un consejo para obtener láminas muy finas: amasa la arcilla con una botella o tarro de cristal sobre un azulejo. Tanto tus manos como la arcilla deben estar tibias y escrupulosamente limpias. Por otro lado, tus herramientas deben estar completamente secas.

Para evitar que la arcilla se adhiera a la botella durante el amasado, muévela ligeramente tras cada pasada, como si fuera hojaldre. Una vez que se te pegue continuará haciéndolo y no tendrás más remedio que limpiarlo todo y empezar de nuevo, lo cual no es muy recomendable. Está claro que la mejor solución, aunque no la más barata, es comprar una máquina de hacer pasta. En cualquier caso lo más importante es la claridad, pues estamos usando dos colores radicalmente diferentes.

[Este artículo fue escrito cuando muy poca gente usaba mis métodos para miniaturas de casas de muñecas y muy pocos tenían una máquina de hacer pasta o consideraban comprar una, por lo que no lo mencioné. Obviamente yo la empleé para hacer las láminas]

Paso 2

Haz un pequeño cono con el blanco.

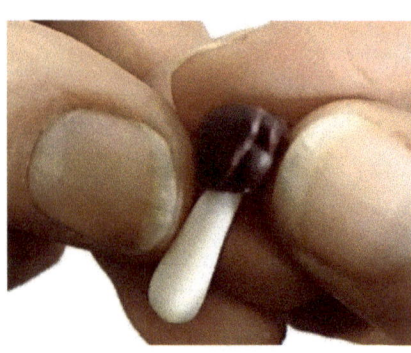

Paso 3

Corta un par de círculos de la lámina más fina. Empleé una boquilla de glaseado porque no es demasiado afilada y suele sellar las dos láminas moradas al cortar.

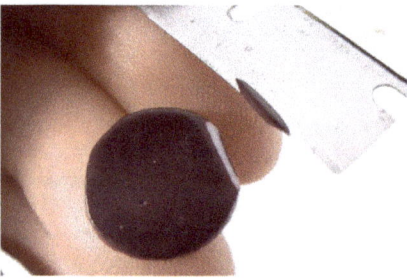

Paso 4

Intenta estirar aún más estos círculos hasta que sean lo más finos posible

Paso 5

Únelos al extremo del cono para formar una especie de pelota arrugada.

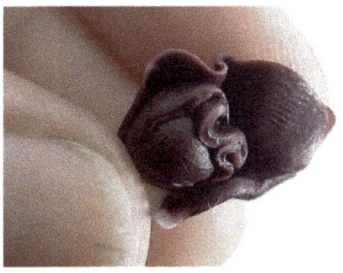

Paso 6

Corta un par de hojas del "emparedado" ligeramente más grueso. Corta el borde en diagonal para que se vea algo del blanco y estira la hoja de nuevo pero evita estirar este borde blanco. El blanco debe unirse al lateral del cono lo más cerca posible a la capa superior, asegurándote de que el blanco de la hoja queda unido con el blanco del cono. Añade un par de hojas de la lámina más fina y sigue añadiendo más hojas, esta vez de la lámina más gruesa. Utiliza un molde de hojas (hay varios tipos disponibles en mi web angiescarr.co.uk y algunos vídeos de YouTube acerca de cómo emplearlos).

Paso 7

Por cierto, comprobé en la red que la lombarda no se trataba de un producto exótico hallado por algún aventurero intrépido. Descubrí que, de no ser autóctona, lo más probable es que hubiera sido importada por los vikingos. De modo que no hay problema alguno para incorporarla a tu casa de muñecas de cualquier época. *[Posteriormente he actualizado mi método a uno con murrinas para aumentar la producción. Este proyecto aparece en mi libro Miniature Food Masterclass.]*

Dulces Ingleses

Publicado originalmente en el nº 83 de DHMS Magazine – Mayo del 2001

Lo más dulce

Aprovechando mis investigaciones a raíz del desafío de Gloria del mes pasado, decidí seguir investigando para el reto de este mes enviado por Perry Lambert.

A decir verdad, soy un poco golosa y adicta al chocolate. Según mi amiga Dina, a fecha de hoy se me podría dibujar usando únicamente círculos. Para todos aquellos que compartís mi afición por los dulces y mi preocupación por cómo están afectando a mi línea (sin hablar de mi trasero de miniaturista sedentaria) aquí os dejo un reto con pocas calorías y sorprendentemente poco frustrante.

Lo malo es que suelo aconsejar ir a comprar el modelo real para poder copiarlo con más precisión y mi mala conciencia me aconsejó dirigirme a la tienda de chucherías y verlas de cerca para captar todos los matices de sus colores. Y además no tuve que caminar demasiado; ciertamente no lo suficiente como para quemar las 750 calorías que acumulé!

¿Os habéis dado cuenta de cómo han ido cambiando las chucherías con el tiempo? No recuerdo esas pequeñas bolitas de gelatina en rosa y azul. El regaliz normal ha cambiado a una protuberancia en forma de flor y recientemente ha aparecido un curioso dulce de regaliz a cuadros de color rosa, y diversas chuches en forma de alguno de los personajes favoritos de los niños. ¿A dónde vamos a ir a parar?

No deberías cometer el error de poner chucherías en las casas de muñecas victorianas o en tus proyectos más antiguos, pues en realidad no fueron producidas hasta inicios del siglo XX. Si eres un verdadero purista debes cuidar mucho estos detalles.

Paso 1

Decidí hacer bolsas de chuches. Las puedes hacer de papel pero pensé que sería interesante intentarlo con arcilla polimérica. Con mi máquina para hacer pasta se pueden hacer láminas finísimas pero yo aún puedo estirarlas más. Se necesita práctica, de modo que prepárate

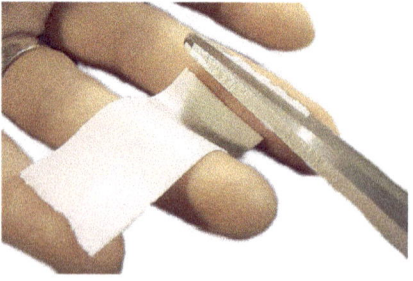

para algún que otro fracaso si eres aún novato. Primero debes amasar la arcilla y estirarla lo máximo que puedas. Luego "acaríciala" simultáneamente por ambos lados usando tu pulgar y el índice. Así también proporcionamos a la arcilla un bonito brillo.

Paso 2

Como puedes observar en las imágines, para hacer la bolsita he usado un lápiz sobre el que enrollé film transparente. La costura debe quedar en el centro de la bolsa y no en los lados. La primera vez me salió mal, pero es lo normal!

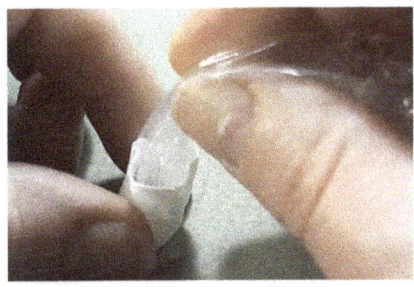

Paso 3

Damos un suave pellizco y luego presionamos delicadamente hacia abajo contra la superficie de horneado que vayamos a emplear.

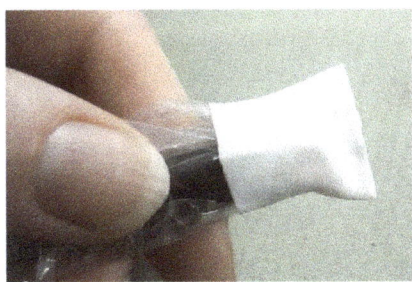

Paso 4

A continuación retiramos el lápiz y después, con mucho cuidado, el film transparente. Ya puedes disponer la parte superior de la bolsa como prefieras: abierta, cerrada, hacia un lado, etc.

Paso 5

Los caramelos son aparentemente simples. Los humbugs, (unos dulces ingleses antiguos muy típicos que se usaban en las casas de muñecas victorianas), son murrinas de arcilla blanca con tiras negras muy finas adheridas a los lados.

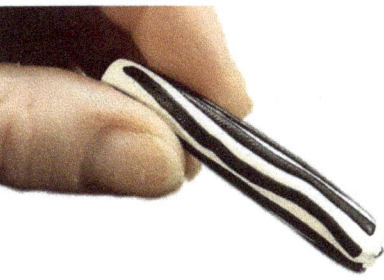

Paso 6

El secreto está en alargarlas hasta que queden muy finas e ir moviendo la murrina un cuarto de vuelta en cada corte para obtener la forma piramidal que buscamos.

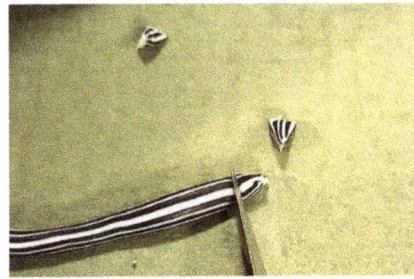

Paso 7

Hay diversos métodos para los caramelos variados. Las bolitas de coco rosas y amarillas y los cilindros de regaliz y fondant son simples murrinas en las que envolví un color en otro y las alargué, para luego cortarlas en trocitos pequeños. Para los sandwiches usé una tira de arcilla negra y otras dos tiras algo más gruesas en el exterior.

Paso 8

Te sorprenderá lo mucho que tendrás que estirar las murrinas para que salgan a la escala correcta. En la ilustración puedes

comparar su tamaño al lado de la moneda y observar que las he hecho a escala 1/10 y no 1/12. Hice los sándwiches lo más fino que me permitió mi máquina de hacer pasta (lo cual es ya bastante fino) y enrollé los de doble capa a mano. No conseguí el grosor real pero el resultado final no es malo. Puedes cortar las murrinas y hornear los caramelos pequeñitos tal como se hace con los humbugs. Sin embargo, yo los corté mientras la arcilla estaba aún caliente.

Si horneas las murrinas y láminas y las manipulas mientras están aún calientes ten mucho cuidado con no quemarte. Suelo emplear una toallita para ello. Recuerda que siempre debes cortar hacia abajo y hacia fuera, no hacia ti. Si la arcilla empieza a enfriarse y solidificarse, vuelva a meterlas en el horno y caliéntalas de nuevo. Puede ser muy peligroso cortar la arcilla ya fría y dura, y por supuesto no debes dejar que los niños lo intenten.

Casi olvido las bolitas azules... son simplemente trocitos de arcilla azul en forma de esfera que hay que pasar sobre papel de lija bastante rugoso. Aplástalas ligeramente sobre la superficie de horneado.

Paso 9

Existen diversos cortadores muy pequeños con los que puedes hacer los bombones. No los he incluido en el proyecto pues no sé dónde anda mi cortador favorito en forma de lágrima. Para conseguir el color chocolate empleo una mezcla de Fimo terracota (ahora llamado chocolate) y verde. *[En mi libro Miniature Food Masterclass encontrarás un cuadrante con los porcentajes necesarios para obtener diferentes tonos chocolate con diversas marcas de arcilla.]*

Lengua

Publicado originalmente en el nº 84 de DHMS Magazine – Junio del 20011

Nota: este reto ha sido modificado ligeramente para que tuviese más sentido en el formato e-book.

¡Reto no aconsejable para aquellos que no tengan buenas dosis de paciencia!

Lo del mes pasado fue demasiado fácil, ¿no es cierto? Aquí tenéis algo realmente complicado para compensar. Las materias primas para el reto de este mes han sido

repulsivo) preparaba lenguas en casa. Recuerdo perfectamente el terrible olor de aquellas cosas cociendo hora tras hora. Para ser sincera, el resultado me gustaba lo mismo que a los demás. Pero nunca consiguió que probara los 'babies nappies' (tripa cocida con cebollas).

Paso 1

La murrina de la lengua es más bien compleja. Se hace esencialmente con capas de láminas de diferentes colores. Necesitarás translúcido (para la gelatina), una mezcla básica color carne hecha de terra-

algo difíciles de encontrar. Entre lo de las vacas locas y la fiebre aftosa, apenas se encuentran asaduras en la carniceria o el supermercado. Incluso Sainsbury's ha dejado de producir lengua de buey. Me pregunto si es por que también está en la lista de piezas "prohibidas". En ese caso tenemos un motivo más para conservarlo en la memoria de nuestras casas de muñecas.

Mi padre (un buen gastrónomo de todo aquello que tuviese fuerte olor o un aspecto

cota (ahora se llama chocolate), rojo con translúcido y blanco con translúcido con un poco del color carne para eliminar en cierta medida el brillo del blanco.

Paso 2

Piensa en cada parte como un elemento separado. La lengua tiene varias capas de músculo que aparecen como franjas de carne entremezcladas con una especie de sustancia cremosa y grasienta (suena fatal, ¿verdad?). Tienes que tener presente en todo momento la dirección en la que se verá la murrina una vez terminada. Como en la madera, el 'patrón' se verá diferente dependiendo de la dirección en que se corte. Si quieres ver una línea al final del rollo cuando lo cortes, necesitas ponerlo en él como una tira. Una línea más corta se obtiene con una tira más corta….Esperad un momento, creo que os estoy confundiendo! Para hacerlo tú mismo lo mejor es fijarse en un modelo real.

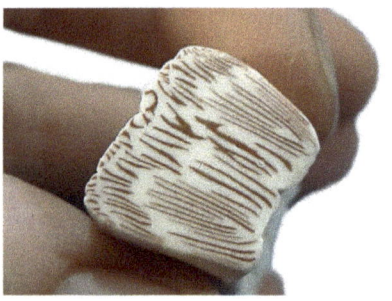

Paso 3

Cada sección se elabora con una pila de su propio color como puedes apreciar en la foto (parecido al proyecto del bacon en mi libro Making Miniature Food and Market stalls).

Paso 4

Comenzaremos con la gelatina.

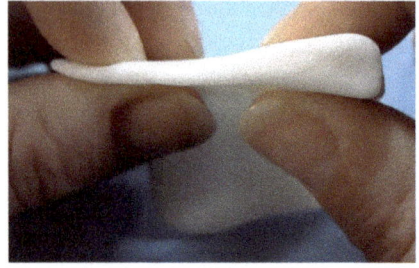

Paso 5

Añadiremos una fina tira de color crema para la superficie de la lengua.

Paso 6

Iremos añadiendo rebanadas de las murrinas ya hechas.

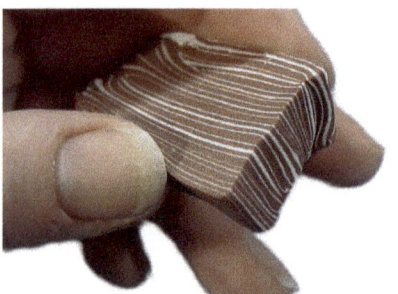

Paso 7

Por ultimo enrollaremos y alargaremos el bloque resultante. Es bastante difícil y muchas veces me despisto intentando recordar cuál es la dirección correcta para apilar los bloques y murrinas en la sección adecuada.

Paso 8

No diré que quedé completamente satisfecha con el resultado, pero los colores están bastante logrados. La próxima vez me esforzaré más!

A fin de cuentas esta serie se llama "Challenge Angie" ("Reta a Angie") y no "pídele a Angie que haga algo facilito que ella (y nosotros) podamos hacer en diez minutos". Así que gracias a todos por vuestros endiablados desafíos. *Por favor, no dejéis de visitar mi web angiescarr.co.uk y leer mis consejos y comprobar las actualizaciones..*

Pimientos y Pizzas

Publicado originalmente en el nº 86 de DHMS Magazine – Agosto del 2001

Querer es poder

Tenemos aquí un reto muy interesante enviado desde Estados Unidos por Bette Accola, que me escribe regularmente. Bette dice:

'Me encantan los artículos de "'Challenge Angie" ("Reta a Angie") en la revista 'Dolls House & Miniature Scene Magazine'. Tengo un par de desafíos: el primero una murrina para obtener rodajas de pimientos verdes y el segundo una murrina para rodajas de melo-

cotón. Aún no me he suscrito pero voy a hacer un pedido on-line de las revistas que me interesan. Ayúdame si te es posible. Me encantaría poder añadir esas rodajas a mis ensaladas, etc.'

Este es el tipo de reto que realmente me gusta. Uno que a primera vista parece imposible, pero, como dice el refrán, "querer es poder". Lo primero que se me ocurrió fue usar un par de cortadores o cúteres, uno algo más pequeño que el otro, pero no pude encontrar lo que verdaderamente iba buscando. La mayoría eran cortadores en forma de flor y necesitaba algo con curvas menos pronunciadas por fuera y también con un color de un tono diferente en el centro, como en la realidad. Lo siguiente que se me ocurrió fue hacer los pimientos a partir de una murrina con el centro translúcido, pero esta tampoco sería una solución satisfactoria, pues el translúcido es eso, translúcido, y nunca llegaría a ser del todo transparente.

Finalmente di con la idea de usar una parte central que pudiera ser retirada después del horneado para formar una murrina enteramente hueca. Hice varios intentos, incluyendo tubos de metal de diferentes tipos pero todo se acababa pegando y no quedaban con un aspecto muy convincente.

(Si quieres evitarte todos estos problemas, puedes adquirir rodajas de pizza (y murrinas de pimientos) en mi web angiescarr.co.uk . También encontrarás en ella útiles enlaces a vídeos de YouTube acerca de cómo hacer pizza)

Paso 1

Andaba como siempre enredando por casa haciendo algo intrascendente como instalar una puerta en la parte trasera cuando me vino la inspiración. ¡Agujas de coser! Me llevó varios intentos usando agujas de diferentes grosores, tamaños y materiales. A continuación os describe el método con el que he conseguido (por ahora) un resultado más realista.

Une con fuerza por sus extremos tres o cuatro agujas de coser de metal (no de plástico) usando cinta de pintor. Los que no tienen las bolitas de plástico

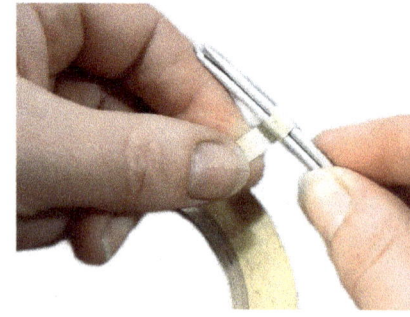

en los extremos son las mejores y preferentemente de 20 cm o incluso menores si vas a usar cuatro. Lo ideal es que las agujas estén nuevas y sin marcas. Si vas a usar cinta de pintor puedes dejarla en el horno. Si empleas otro tipo de cinta, retírala antes del horneado.

Paso 2

Haz una mezcla del color que vayas a usar (en el ejemplo de la imagen estoy usando rojo para los pimientos rojos). Puedes hacer también pimientos verdes, amarillos o anaranjados. A continuación divide la mezcla en dos. Añade una cantidad igual de Fimo Effects de color amarillo translúcido a una de las mitades para obtener un color más suave (hoy en día también añado un poco de blanco. La versión actualizada de este proyecto puede encontrarse en mi libro Miniature Food Masterclass).

Añade con delicadeza un poco de este color algo más claro entre los espacios de las agujas, presionando con firmeza pero sin que las agujas se separen.

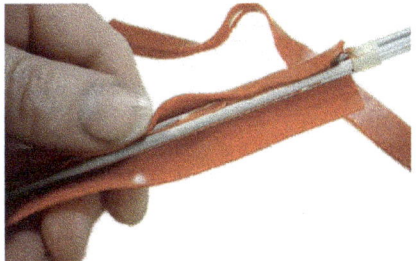

Paso 4

Haz lo mismo con la otra mitad dejando una pequeña abertura en medio. La experiencia me ha demostrado que si haces una sola tira de la longitud de la aguja es muy difícil retirarla luego!

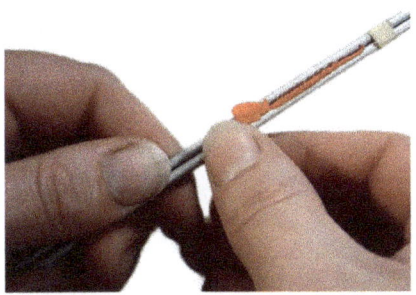

Paso 3

Enrolla una fina lámina del color más oscuro y envuélvela alrededor de la mitad de las agujas, recortando el sobrante y uniendo los bordes con delicadeza intentando que la unión sea imperceptible y dándole cierto "brillo" al acabado. [He actualizado esta técnica y ahora coloco una capa de un color más claro en la franja principal, así como entre las agujas.]

Paso 5

Cuando la murrina haya sido horneada y ya se haya enfriado, separa las dos mitades con un tirón firme y regular. La tira debería salir lentamente pero con relativa facilidad. Esto es debido al revestimiento de las agujas.

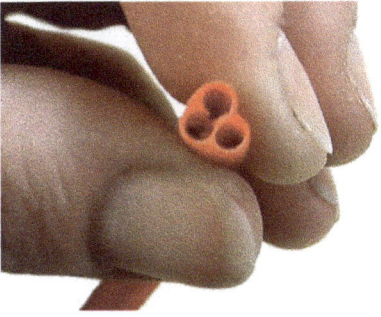

Paso 6

Corta rodajas finas de este murrina usando un bisturí o una cuchilla de una sola hoja. Las cuchillas se pueden encontrar a veces en la farmacia pero comentadme si tenéis dificultades en encontrarlas pues he descubierto una alternativa para conseguir estas pequeñas "fieras". Si la murrina se desmorona con facilidad, vuelve a calentarla en el horno a una temperatura algo más alta, teniendo siempre muy presente las instrucciones de seguridad del embalaje.

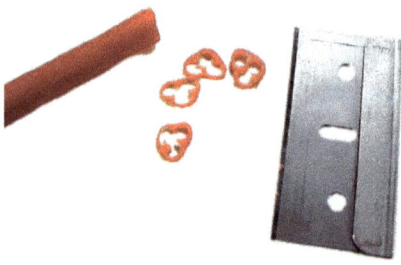

Paso 7

Para la pizza necesitas hacer una mezcla crema que te servirá para la base y para el queso. Prueba a usar mitad de blanco y mitad translúcido con una pizca de ocre. La mezcla para el tomate es roja y amarillo translúcido. *[Este es otro proyecto donde la arcilla polimérica líquida nos ayuda a conseguir un efecto más realista con los ingredientes.]*

Paso 8

Con el método de las murrinas podemos crear múltiples ingredientes para la pizza: pepperoni, cebollas, champiñones o tomates. Hago trampa con las aceitunas, pues empleo unas pequeñas semillas negras. Recuerda que en la escala 1/12 una pizza de 11 pulgadas tendrá una pulgada de tamaño real. Tamaño familiar pero un poco más grande... ¡ñam!

Paso 9

Por cierto, para el cortador de la pizza puedes usar una pequeña lentejuela insertada en un palito de cóctel abierto por un extremo.

Para las rodajas de melocotón, Bette, te sugiero que hagas una tira más gruesa de color melocotón (recuerda añadir translúcido en abundancia) y envuélvela en una sola aguja de coser. Corta hasta la aguja por ambos lados antes de meterla en el horno. Cuando hayas retirado la murrina de la aguja calienta la murrina de nuevo y separa las dos mitades con cuidado. Entonces ya deberías poder cortar rodajas con forma de melocotón de cada una de las mitades. Puedes obtener una pieza más real en forma de cuña haciendo cortes en diagonal y quedándote con las piezas que sirvan (una de cada dos).

Tomates

Publicado originalmente en el nº 87 de DHMS Magazine – Septiembre del 20011

Como el "seaside rock"

Jean Brattan, británica residente en el extranjero, me envió este reto hace ya tiempo. Durante nuestro intercambio de emails descubrí que al igual que yo era de la ciudad inglesa de Hull y además se crió en la calle de al lado. Además su hermano había vivido a dos o tres casas de distancia y resulta que lo conocía! ¿No es cierto que

el mundo es un pañuelo?

Jean, en cualquier caso gracias por un reto con el que se muestra claramente cómo usar las murrinas para obtener detalles asombrosamente minúsculos a escala infinitamente reducida. A menudo explico que estos métodos son parecidos a los que se emplean para hacer 'Seaside Rock'. Durante uno de mis talleres en Estocolmo me costó trabajo transmitir este concepto a mis oyentes, y el problema no fue el idioma: muchos de ellos hablan inglés de forma más correcta que los propios ingleses, pero nunca habían visto una muestra de esta invención tan británica. Por supuesto, la palabra Millefiore tampoco significa mucho para la mayoría. Para aquellos de vosotros que aún no estáis familiarizados con mi método de trabajo, la técnica que empleo para los tomates y para la mayoría de mis productos en general es la de las "murrinas", tal como son denominadas por los aficionados a la arcilla polimérica, técnica muy empleada en bisutería y joyería. Resumidamente, se trata de hacer un cilindro grueso y corto con los colores y formas que quieres que aparezcan en la murrina final para ir estirándola y alargándola gradualmente hasta conseguir reducir el patrón a una escala mucho menor.

Incluso aquellos que no tengan una buena visión espacial pueden confiar en obtener resultados razonables aún sin lograr visualizar a priori el resultado..

Para un trabajo tan minucioso es fundamental conseguir una mezcla acertada de colores. En estas ilustraciones aparecen dos versiones del mismo proyecto en las que los colores son ligeramente diferentes. Aunque quedé bastante contenta con la forma y definición de la segunda versión, los colores no son los más acertados debido a que usé algo de una arcilla más antigua que pensé que iba a ser más translúcida de lo que realmente fue. La translucidez es el factor más importante en esta compleja murina. Si sigues las indicaciones cuidadosamente y mezclas los colores del modelo real deberías conseguir un resultado satisfactorio siempre que emplees el translúcido sin racanería. No está de más recordar que el translúcido resalta más cuando la arcilla ya ha sido horneada. Otro consejo importante: no olvides destacar las semillas utilizando colores que tengan más "énfasis". Lo sutil no funciona a esta escala!

Paso 1
La realidad ...

Paso 2
... y la murrina. Para mí, ambas son de tamaño aproximado antes de proceder a reducir la murrina a escala 1/12.

Paso 3
Empecé con la zona de las semillas haciendo una especie de lágrima con amarillo y un poco de verde por encima.

Paso 4
Lo cubrí con un envoltorio bien translúcido con un poco del color del tomate.

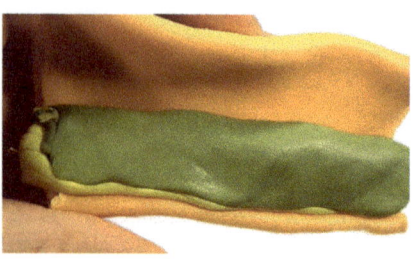

Paso 5
Hice tres figuras como la de la imagen y las separé con un color más denso y algo más claro.

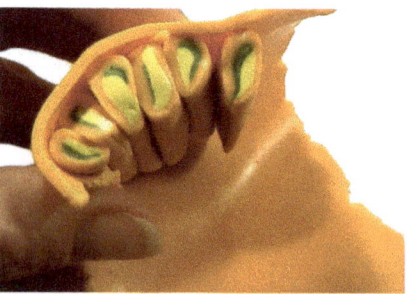

Paso 6
Uní las tres secciones alrededor de un núcleo central y las envolví con el color más denso y claro.

Paso 7
Todo el exterior se recubre con una mezcla densa de color tomate. Con ello

quiero decir que no hay que añadir translúcido a esta piel exterior, aunque sea muy fina.

Paso 8

Es muy importante que intentes acercarte al natural lo más posible, de forma que cuando reduzcas la murrina a su escala final el resultado sea lo más real.

Si quieres más información sobre las murrinas de tomates las puedes encontrar en mi libro Miniature Food Masterclass, disponible desde mi web angiescarr.co.uk, donde también hay vídeos sobre las murrinas y sobre cómo "cerrarlas" para obtener frutas enteras, cortadas o peladas.

Pescado moldeado

Publicado originalmente en el nº 88 de DHMS Magazine – Octubre del 2001

Sardinas en cajas ... ¡marchando!

Este reto me fue enviado por Sheila Rochambeau, quien tengo entendido que hace unos fantásticos juegos para Backgammon usando miniaturas como

fichas. Sheila necesitaba algunas cajas de sardinas lo antes posible. Para mí fue todo un desafío ya que siempre ando sacando tiempo de donde no lo hay.

La cosa ha estado un poco parada este mes. Casi he tenido que dejar de hacer murrinas debido a mi intento de cubrir la superficie del planeta con rodajas de limón en miniatura, empezando por la sala de estar, siguiendo por mi dormitorio y continuando hasta la calle. Para aquellos que sois nuevos en esto, comentaros que lo de las "murrinas" no se trata de emprenderla a mamporrazos con nadie, sino una técnica mediante la cual transformamos patrones grandes en otros muchísimo más pequeños; algo parecido al proceso seguido para elaborar el "seaside rock".

Pero bueno, tendréis que esperar hasta el mes que viene pues ahora mismo estoy totalmente concentrada con los moldes.

Descubrí este nuevo campo durante el proyecto sobre gelatina de hace unos meses. Puedes encontrar el material necesario (una pasta de moldeado de silicona compuesta de dos productos) en varios sitios. La primera pasta que usé fue de la marca Gedeo, que encontré en la sección de manualidades del DIY Superstore (el equivalente a nuestro Leroy Merlin) de mi ciudad. Puesto que el almacén cerró tuve que buscar una alternativa, la cual encontré gracias a una amable señora llamada Susie que trabaja en QH designs (una tienda de artículos de pastelería). El producto se llama Silicone Plastique y he estado investigando últimamente acerca de qué otros usos le podría dar

[Ahora uso otra pasta de silicona, Minitmold, para la mayoría de mis moldes, pues se asienta en 10 minutos y no necesita ningún reactivo aparte de un poco de polvos de talco para hacer la segunda mitad del molde. Está disponible en mi web angiescarr.co.uk.]

La pasta Silicone Moulding es parecida a la que usan los dentistas para hacer moldes de los dientes. Además, este material reproduce hasta el más mínimo detalle y se mantiene flexible. La otra ventaja de trabajar con moldes es que puedes repetir los artículos que te hayan quedado mejor todas las veces que quieras. El producto consiste en dos compuestos que debes mezclar en cantidades equivalentes. Presiona la pasta resultante sobre tu 'master' y déjalo que se asiente

Paso 1

Volviendo con las sardinas para Sheila, primero hice un único pez que me sirvió de molde. Para hacer este primer pez usamos una combinación de formas geométricas. Aunque no es necesario que hagas la cabeza con una forma de diamante distinta, creo que ayuda a obtener un mejor resultado. Lo hice en rojo con las partes adicionales en negro para que pudierais apreciar claramente el proceso. Para la textura simplemente usé la impresión del mango de una de mis herramientas.

Paso 2

Luego hice un montón de pescados con el primer molde y los apilé unos encima de otros. Para abreviar aún más el proceso hice otro molde de la pila resultante.

Paso 3

Tenía que hacer dieciséis cajas, más algunas más para los clientes de mi web, por lo que el proceso llevó su tiempo. Lo que mejor funciona es una mezcla suave de arcilla polimérica de color oscuro, que presionaremos sobre el molde con firmeza. También usé un polvo de tono metálico que apliqué al molde con un cepillo. Utilicé otros tonos para el pescado ya con forma pero aún sin hornear para darle un aspecto más tridimensional e iridiscente. Los productos de polvo de perlas de Holly Products son particularmente apropiados. Ahora ya se pueden hornear las pilas de pescado. *[Desde que escribí este artículo me he dado cuenta de que se obtiene un mejor producto usando un color más claro para el pescado. Pero el mejor resultado se obtiene usando una murrina "degradada". Tienes más información en el proyecto de pescado en mi libro Making Mniature Food o en los enlaces a YouTube que aparecen en mi web]*

Las cajas fueron hechas por un vecino siguiendo mis indicaciones. Comenzó dándoles un tinte color caoba pero finalmente nos decidimos por un tono roble. Así conseguimos el efecto de que las cajas ya estuvieran usadas.

Luego pasé hilo de aguja de color marrón "sucio" a través de los agujeros que había hecho en las cajitas, desde el interior. Se atan los cabos dentro de la caja, dejando holgura suficiente para formar las asas una vez que el "hielo" haya sido colocado en el fondo.

Paso 4

Me aventuré a abordar un nuevo método para obtener el hielo y me decidí por cristal reforzado del que se utiliza para los parabrisas de los coches, aunque yo aproveché el cristal de una parada de autobús que algún vándalo había destrozado. Este método funciona pero no cometas el error de intentar romper los cristales para conseguir otros más pequeños. ¡Doy fe de que aún cortan! También me decidí a hacer un molde de este proceso. Para hacer un 'master' del hielo empleé algo de Fimo extendido por el interior de la caja. Luego retiré esta sección del interior de la caja y añadí algo más de Fimo que puse a hornear *por el lado rugoso* y lo corté en trocitos (*hornear brevemente a una temperatura inferior*)

transparente para moldes en el molde resultante. La resina tarda más tiempo en "curarse" de lo que esperaba; estropeé una capa al intentar retirarla del molde pero la trituré en pedacitos que luego coloqué sobre el pescado.

Paso 6

En realidad el hielo de debajo no se ve, como suele ocurrir con todo aquello que queda perfecto…. la ley de Murphy es uno de los principios inspiradores de mi obra! Puedes usar también esta idea para hacer hielo machacado para tiendas de pescado, etc.

Paso 5

Cuando se hubo secado hice una impresión de su interior con el material de modelado. Tengo superficies de vidrio en mi taller que facilitan el proceso, pero también podéis usar una baldosa o un azulejo. Obtuve un hielo muy real vertiendo resina

Fresas

Publicado originalmente en el n° 89 de DHMS Magazine – Noviembre del 2001

... o Jordgubbe (en sueco)

Sabía que no iba a durar mucho mi intento de seguir evitando la técnica de las murrinas ... la belleza de la naturaleza en forma de fresa hizo que mi creatividad se pusiera una vez más en marcha.

Este grupo de miniaturistas podría ser de cualquier nacionalidad, pero podemos afirmar que estamos en Suecia. ¿Cómo?

Hace unos meses pasé unos días en la preciosa ciudad sueca de Estocolmo. Aunque fui a dirigir algunos talleres, mis recuerdos del viaje son más parecidos a los de unas vacaciones. Durante mi estancia, mis anfitriones me llevaron a comer a una de las pequeñas islas que forman la ciudad. La comida fue fantástica, la compañía agradable y acogedora y la charla muy entretenida. Al final de la comida nos decidimos por probar fresas que, con certeza, no eran suecas.

No recuerdo haber bebido más de un vaso de vino (aunque olvidé la advertencia sobre el precio del alcohol en Suecia, y también me bebí un cocktail). Quizás fue esto lo que me soltó la lengua. Cuando comenté lo sabrosas que estaban las fresas, alguien del grupo lanzó el reto de hacer una fresa cortada por la mitad. Debería simplemente haber sonreído y reprimido mi tendencia natural a complacer a los demás (o tal vez mi arrogancia), pero qué va; dije: "¡eso lo hago yo!"! Lo cierto es que no estaba segura de cómo y empecé a divagar sobre dimensiones y planos. Ya no había marcha atrás!

En mi web angiescarr.co.uk también hay enlaces a videos de YouTube para hacer fresas.

Paso 1

Mi nueva amiga Ma Lou se enteró de que yo andaba por allí y se presentó en el taller al día siguiente con una canastilla de apetitosas fresas. Eran grandes... pero no lo suficiente. El problema es que puedes hacer miniaturas de casi cualquier cosa usando murrinas, pero hay una escala más allá de la cual no podemos observar los detalles a simple vista. Y eso es lo que ocurre con las fresas cortadas a escala 1/12. Para salir de este atolladero no se me ocurrió

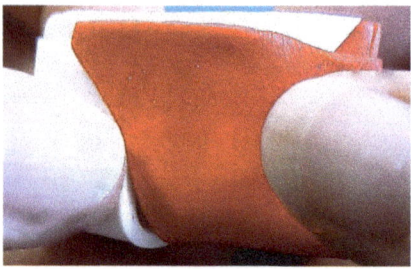

Paso 4

Puedes obtener una gradación perfecta entre un color y otro. En mi murrina para la fresa utilicé rojo y una mezcla de blanco y translúcido.

nada mejor que decir que "la 1/12 no es la única escala". Espero que disfrutéis de este proceso. Si eres un habitual de la 1/12 piensa que puedes usarla con otras cosas más grandes que no sean esta pequeña fruta.

Paso 2

Sue Heaser me enseñó la técnica del "Skinner shade", o "degradado Skinner", que recibe su nombre de su inventora, Judith Skinner. Con ella puedes obtener colores degradados y en combinación con otras técnicas para murrinas puedes

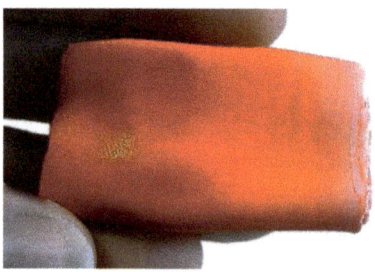

Paso 5

Doblé la lámina degradada resultante y la doblé en la dirección contraria.

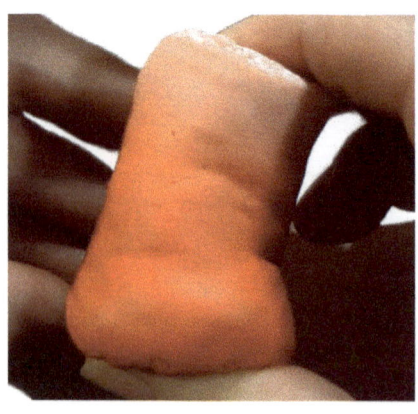

obtener unos resultados asombrosos. La idea procede de una fórmula matemática, pero no te preocupes si no se te dan bien las mates. Básicamente se trata de poner juntos dos triángulos de colores diferentes …

Paso 3

… y seguir doblándolos y estirándolos en la misma dirección …

Paso 6

Estirándola conseguí un lado (sin el centro) de la fresa.

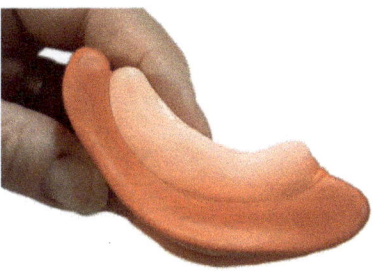

Paso 7

Empleé para la ocasión una cuchilla curvada y flexible. Usé esta cuchilla en vez de la habitual de una hoja, pues quería una ligera curvatura en los cortes.

Paso 8

Añadí a continuación unas tiritas blancas entre las secciones y las cerré de nuevo.

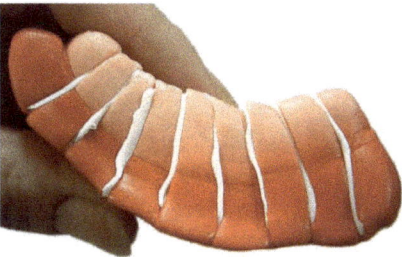

Paso 9

Hice solo una mitad que alargué hasta que fue lo suficientemente larga para contarla en dos, ya que quería una imagen exacta. El color del centro es rojo translúcido de Fimo.

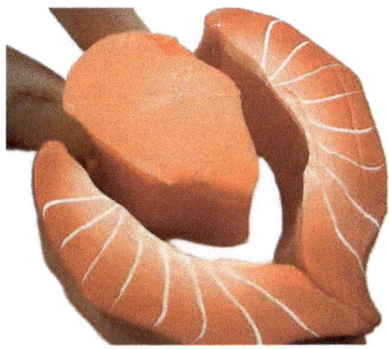

Paso 10

La murrina resultante se estira hasta un tamaño que nos siga permitiendo apreciar los detalles. Puedes usar la escala 1/12 pero necesitarás una lupa para ver los resultados. Les expliqué a mis anfitrionas suecas que hacer murrinas es como hacer "seaside rock", pero se quedaron mirándome con cara de extrañadas sin enterarse de qué les hablaba. Metí la pata de nuevo cuando decidí hacer "nabos suecos" en uno de los talleres. Para nosotros los británicos se trata de un tipo de nabo, pero aparentemente los "suecos" no los comen.

En cualquier caso, Ma Lou, te envio las miniaturas de fresa así como algo de "seaside rock" con un diseño de fresa en su interior. ¿Es el seaside rock una tradición únicamente británica? Háznoslo saber. Y mientras nos lo cuentas, ¿por qué no intentar hacer algo de miniaturas con él?

Agradecimientos

Traducido por Quique Bonal y verificados por Noelia Contreras Martin

Entre otros muchos:-

Gail and Aileen Tucker

Madelva Fernandez (Miniaturas magazine)

Birdy Heywood

Alex Curtis (ahora Blythe)

Sue Heaser

Sam Kerridge (imágenes de las murrinas de las naranjas y repollos en 'Live at Ally Pally')

Y por su constante apoyo a través de los años:

Margaret Curtis

Nicola Croad

Cilla Halbert y Pär

Y a mi querido y comprensivo marido, (jefe ... y esclavo) Frank Fisher, por editar todas mis fotos y textos. Él es el verdadero protagonista detrás de todo mi trabajo, incluida esta colección.

Mis disculpas a los cientos de amigos y clientes cuyos nombres no aparecen aquí por razones de espacio, pero cuyo firme apoyo es reconocido con todo mi cariño.

Información para contactar con las revistas:

Dolls House and Miniature Scene Magazine
www.dollshousemag.co.uk

Dolls House Projects
www.dollshouseprojects.co.uk

Dollhouse Miniatures Magazine (USA)
www.dhminiatures.com/

The Dolls House Magazine
www.thegmcgroup.com/

Índice

aceitunas	31	Milliput	18,22
aguja de tejer	50	mimbre	8
alcachofas	28	Minitmold	18,22,56
Alexandra Palace	35	Mix Quick	12,18,24,33,40
Allsorts	44	molde	18,22,56
Anglo Saxon	11	muérdago	36
arroz	33	máquina de pasta	42
barniz	21	mármol	21
bayas	37	ojo	14
bolsas	44	paella	31
calamares	20	pan	38
caning	14,19,47,54,60	papa	25
chocolate	46	patatas fritas	26
claygun	36	pescado	56
col, rojo	41	pimientos	50
coleslaw	25	pizza	50
cono de pino	30	piña	17,29
cortador	10,36,42,46	pluma	15
cuchilla flexible	61	pollo	35
dulces	44	polvo	57
esmalte	10	puré de guisantes	26
extruir	36	puré de patatas	26
faisán	14	queso	52
Fimo Liquid	24,40	red de pesca	13
fresas	59	regaliz	44
hielo	58	resina	58
hoja	10,36,43	sardinas	56
huevos	22	Scenic Water	24
Humbrol	10,18,36	semillas	54
humbugs	45	Skinner shade	60
jabalí	8	sándwich	38
langosta	11	tamiz	28
lengua	47	tapas	31
Líquido Fimo	24,40	tocino	39
malla	28	tomate	53
mantequilla	26	Tudor	8
medieval	8	Victorian	44
mejillones	33	vidrio	58
melocotón	52	Vikingo	43

www.ingramcontent.com/pod-product-compliance
Lightning Source LLC
LaVergne TN
LVHW061626070526
838199LV00070B/6599